LES DÉFIS DU PLURALISME EN ÉDUCATION

Essais sur la formation interculturelle

FERNAND OUELLET
Avec une contribution d'Elizabeth Cohen

LES DÉFIS DU PLURALISME EN ÉDUCATION
Essais sur la formation interculturelle

LES PRESSES DE L'UNIVERSITÉ LAVAL
L'HARMATTAN

Mise en pages : Francine Brisson
Maquette de couverture : Chantal Santerre

© LES PRESSES DE L'UNIVERSITÉ LAVAL 2002
Tous droits réservés. Imprimé au Canada
ISBN 2-7637-7857-7 (PUL)
ISBN 2-7475-2392-6 (L'Harmattan)

Distribution de livres Univers
845, rue Marie-Victorin
Saint-Nicolas (Québec)
Canada G7A 3S8
Tél. : (418) 831-7474 ou 1 800 859-7474
Téléc. : (418) 831-4021
http ://www.ulaval.ca/pul

L'Harmattan
5-7, rue de l'École Polytechnique
75005 Paris
Tél. 01 40 46 79 20
Fax 01 43 25 82 03

Table des matières

Introduction. 1

Chapitre I

Quelle formation interculturelle en éducation? 11
Les « effets pervers » du courant de la connaissance
des cultures. 13
Trois approches de la formation interculturelle. 19
Les composantes d'une formation interculturelle. 30
Les fondements théoriques 31
L'exploration d'un univers culturel étranger. 35
Le projet d'intervention. 38
Des compétences spécifiques 39
Les obstacles à la formation interculturelle. 40
Cette vision de la formation interculturelle est-elle
pertinente en dehors du milieu de l'éducation? 45

Chapitre II

Les compétences pour l'instruction complexe. 49
L'apprentissage en collaboration au collège et à l'université . . 51
L'instruction complexe au primaire et au secondaire 63
Parenté et complémentarité de l'apprentissage
en collaboration et de l'instruction complexe 71
Pourquoi l'instruction complexe
a-t-elle un impact marginal dans les écoles? 73
Les compétences à développer pour l'instruction complexe . . 78

Chapitre III

Deux défis éthiques de l'éducation
à la citoyenneté en contexte pluraliste 83
Vers un modèle réaliste et
pédagogique d'éducation à la citoyenneté 86
Une approche des désaccords moraux profonds :
la démocratie délibérative et le principe de réciprocité 95
Le scandale des inégalités et le modèle pédagogique 101
Une approche efficace face au scandale des inégalités :
l'instruction complexe 105
Conclusion 106

Chapitre IV

Racisme, inégalités et postmodernité 109
Racisme et inégalités sociales 112
Le visage « postmoderne » du racisme
selon Zygmunt Bauman 114
Conclusion 128

Conclusion 129
La formation interculturelle dans
les milieux culturellement peu diversifiés 129
La politique d'éducation interculturelle du Québec 130
La réforme de l'éducation 135

Annexe

La construction sociale de l'équité dans les classes . . . 141
L'idéal de la classe équitable 143
Principes pour créer des classes équitables 144
Le traitement des problèmes de statut 150
Supervision des enseignantes en classe 157
Conclusion 162

Références 163

Introduction

Pourquoi des programmes de formation interculturelle dans une faculté de théologie ?

QU'ELLES se présentent sous l'étiquette de l'éducation interculturelle ou de l'éducation à la citoyenneté, les initiatives visant à faire face aux défis du pluralisme ethnoculturel et religieux à l'école doivent toujours rechercher un équilibre entre deux préoccupations/valeurs : l'ouverture à la diversité et la cohésion sociale. Les partisans de l'éducation interculturelle ont tendance à mettre l'accent sur la première de ces valeurs tandis que ceux de l'éducation à la citoyenneté ont tendance à insister sur la deuxième. Mais dans ces deux cas, les tentatives pour relever les défis du pluralisme en éducation ne sont pas viables à moins qu'une très grande attention ne soit apportée à une troisième préoccupation/valeur : la poursuite de l'égalité et de l'équité.

C'est cette valeur, et les moyens de l'atteindre tout en maintenant un équilibre avec les deux premières, qui est le fil directeur qui relie les cinq textes réunis dans cet ouvrage. Ces textes tentent de préciser les paramètres de la formation dont les enseignants ont besoin pour être en mesure de fournir à tous leurs élèves des chances égales d'actualiser leur potentiel, quelles que soient leurs appartenances culturelles et religieuses ou leur classe sociale.

Dans le premier chapitre de l'ouvrage[1], j'examine trois stratégies de formation interculturelle des éducateurs et je présente les composantes du programme de formation interculturelle que j'ai développé à l'Université de Sherbrooke. Ce programme s'articule autour de trois axes : les fondements théoriques, l'exploration d'une tradition culturelle étrangère et le projet d'intervention. Je tente de montrer pourquoi la stratégie de l'instruction complexe développée à l'Université Stanford par Elizabeth Cohen et son équipe occupe une place centrale dans le troisième volet de ce programme. J'identifie quelques obstacles qui empêchent les éducateurs de percevoir l'importance d'une formation interculturelle ainsi définie et je propose quelques principes généraux qui se dégagent de ces expériences en éducation et qui ont une portée plus large que le champ de l'éducation. Enfin, je soulève quelques questions et dilemmes auxquels font face ceux et celles qui offrent des formations dans ce domaine.

Dans le deuxième chapitre, je tente de préciser la nature des compétences qu'exige la mise en œuvre efficace des stratégies de l'instruction complexe. Ces compétences prennent un sens particulier lorsqu'on les situe dans une approche socioconstructiviste plutôt que « computationnelle ». Cette discussion m'amène à souligner l'importance centrale des interactions entre les élèves et des « échanges verbaux de qualité » non seulement au primaire et au premier cycle du secondaire, mais également au collège et à l'université.

Par ailleurs, la réforme de l'éducation amorcée en septembre 2000 dans les écoles primaires du Québec s'inscrit dans cette approche socioconstructiviste et met l'accent sur l'implication active des élèves dans leurs apprentissages et sur la pédagogie par projet. On se serait attendu que des ressources significatives soient consacrées au développement des compétences pour l'apprentissage en coopération et l'instruction complexe. Comme ce n'est pas le cas, je m'interroge sur les raisons de cette situation et sur le réalisme des moyens mis en œuvre pour atteindre l'objectif central de cette réforme, la réussite de tous les élèves.

---

1. Ce chapitre est une version légèrement modifiée d'un article publié dans la revue *Interaction*, vol. 4, n° 1, printemps 2000, p. 9-57. Je remercie la direction de la revue d'en avoir autorisé la reproduction dans le présent ouvrage.

Dans le troisième chapitre, je discute de deux problèmes éthiques centraux dans toute initiative d'éducation à la citoyenneté en contexte pluraliste : la crise de légitimité des valeurs dans les sociétés contemporaines et le scandale des inégalités. En me basant sur les travaux de François Galichet sur l'éducation à la citoyenneté, je propose des points d'appui théoriques et stratégiques pour aborder ces deux problèmes dans le cadre d'une combinaison du modèle réaliste et du modèle pédagogique d'éducation à la citoyenneté et pour atteindre un équilibre entre les trois préoccupations/valeurs centrales dans toute éducation à la citoyenneté en contexte pluraliste : l'ouverture à la diversité, la cohésion sociale et l'égalité. Cette discussion fait ressortir la pertinence des stratégies de l'instruction complexe lorsqu'on veut mettre en œuvre une vision de l'éducation à la citoyenneté où la valeur de l'égalité et de l'équité occupe une place centrale.

Le dernier chapitre[2] aborde des questions qui occupent une place importante dans tout programme de formation interculturelle : le racisme et la lutte contre le racisme. Ces questions constituent un des cinq thèmes du premier volet du programme de formation que je dirige et que j'ai décrit dans le premier chapitre. C'est à ce titre qu'il m'est apparu pertinent de l'inclure ici et parce qu'il traite d'une forme «postmoderne» de racisme où l'égalité est tout à fait cruciale.

Il m'a semblé utile de reproduire en annexe la traduction de la présentation remarquable d'Elizabeth Cohen au congrès de l'Association mondiale de recherche en éducation tenu à Sherbrooke au printemps 2000[3]. Cohen examine dans son exposé les implications pour les élèves d'une nouvelle conception de l'enseignant où il n'apparaît plus comme celui qui occupe le rôle central dans la transmission culturelle. Les élèves peuvent-ils construire par eux-mêmes le savoir en travaillant en petits groupes ? Tous les élèves travaillant dans ces petits groupes ont-ils un accès égal à ce processus de coconstruction du savoir ?

2. Ce chapitre reproduit un article que j'ai publié en 1998 dans la revue *Collectif interculturel*, vol. IV, n° 2, p. 69-87. Je remercie la direction de la revue d'en autoriser la publication dans le présent ouvrage.

3. Le texte de cette communication a été publié dans les Actes de la conférence (E. Cohen, «The Social Construction of Equity in Classrooms », dans M. Pagé, F. Ouellet et L. Cortesao, dir. (2001), *L'éducation à la citoyenneté*, Sherbrooke, Éditions du CRP, p. 113-130). Je remercie les Éditions du CRP d'en autoriser la publication dans le présent ouvrage.

Quel genre de programme scolaire permet aux élèves de développer des habiletés cognitives de haut niveau à la suite de leur interaction dans les groupes? Finalement, comment les enseignants peuvent-ils favoriser une communication constructive dans les petits groupes sans dominer cette interaction?

Ces questions théoriques et pratiques deviennent encore plus difficiles lorsqu'on retrouve une grande diversité culturelle et scolaire dans la classe. Cohen décrit une approche appelée «instruction complexe», conçue pour créer des classes équitables où le travail est d'un haut niveau intellectuel. Les groupes d'élèves travaillent à des tâches à «habiletés multiples» qui font appel à un éventail d'habiletés intellectuelles beaucoup plus large que ce qu'on retrouve habituellement dans la culture scolaire. Les élèves ont l'occasion de faire l'expérience de l'autonomie intellectuelle pour solutionner des problèmes et créer des supports physiques, artistiques, musicaux et théâtraux de leurs représentations.

Cohen définit trois principes généraux pour créer des classes équitables: 1) favoriser l'interaction en rendant les groupes responsables; 2) changer les attentes de compétence pour créer des interactions égalitaires; 3) fournir aux enseignants une supervision positive basée sur une observation systématique de leur classe. Les théories et les recherches empiriques sous-jacentes à ces principes sont examinées. Selon Cohen, ces principes ne s'appliquent pas seulement à l'instruction complexe, mais à toute tentative d'atteinte de l'équité qui exige des changements fondamentaux dans la structure de la classe où les élèves se différencient par la culture et le groupe social.

Avant d'aller plus loin, il m'apparaît essentiel de fournir quelques éléments de réponse à une interrogation qui surgit spontanément: comment se fait-il qu'une partie importante des recherches et de la formation effectuées par l'Université de Sherbrooke en éducation interculturelle se trouve à la Faculté de théologie, d'éthique et de philosophie? C'est là une question qui m'est souvent posée par des personnes qui désirent se former dans le domaine, mais qui n'auraient jamais imaginé fréquenter cette faculté. Je tenterai ici de décrire brièvement les circonstances qui ont conduit à cette anomalie et qui sont intimement liées à l'évolution du programme de maîtrise en sciences humaines des religions à la Faculté de théologie, d'éthique et de philosophie de l'Université de Sherbrooke.

Sa mise sur pied en 1968 fut un événement très remarqué. Il visait à fournir une formation de base en sciences humaines des religions aux étudiants intéressés par ces disciplines. Il s'appuyait sur des activités de recherche en sociologie des religions portant sur les groupes utopiques volontaires (Denault et Lévesque, 1975) et sur les mouvements messianiques (Martel, 1984). On cherchait également à stimuler le discours théologique en le soumettant à la critique des sciences humaines et sociales. Pendant les premières années de son implantation, l'encadrement du programme reposait en grande partie sur l'apport scientifique d'éminents chercheurs français rattachés au Groupe de sociologie des religions, parmi lesquels il faut mentionner Henri Desroche, Roger Bastide, Jean Séguy, Jean Pierre Deconchy et Émile Poulat.

En 1972, un volet professionnel y a été ajouté. Il avait pour but de répondre aux besoins de formation des enseignants du secondaire engagés dans l'expérimentation d'une nouvelle forme d'enseignement religieux, la « culture religieuse » devenue par après « l'enseignement religieux de type culturel ». La formation proposée dans le cadre de ce volet s'articulait autour de trois pôles :

- l'exploration des questions théoriques que soulève l'éducation religieuse à l'école dans le contexte d'une société de plus en plus marquée par le pluralisme religieux et culturel ;
- l'exploration systématique d'au moins une tradition religieuse étrangère et l'expérience personnelle de quelques aspects de cette tradition par des contacts personnels avec des personnes qui y adhèrent. C'est en relation avec ce pôle que la Faculté de théologie a organisé plusieurs voyages d'études en Asie du Sud, en Égypte et dans des communautés autochtones du Québec ;
- la mise au point de matériel pédagogique s'inscrivant dans des orientations théoriques dégagées dans la recherche et reflétant l'expérience de contacts avec des traditions religieuses étrangères.

Le volet professionnel de la maîtrise en sciences humaines des religions est devenu son principal axe de développement et a permis la mise au point d'une formule originale de perfectionnement des enseignants. Toutefois, au début des années 1980, le Comité catholique du Conseil supérieur de l'éducation prenait la décision controversée d'éliminer l'enseignement religieux de type culturel du cours secondaire. Cette décision mettait en péril l'existence même du programme. Pour faire face à cette crise, la faculté a décidé d'en élargir la portée pour qu'il réponde aux besoins nouveaux de perfectionnement en éducation interculturelle engendrés par l'arrivée massive d'élèves de cultures étrangères dans le réseau scolaire francophone à la suite de l'adoption de la Loi 101.

Comme on peut déjà le deviner, contrairement à la plupart de ceux qui s'intéressent activement aux questions interculturelles, ce n'est pas à partir d'une préoccupation pour la situation des communautés culturelles plus ou moins récemment immigrées au Canada que j'ai été amené à me pencher sur la problématique générale de l'éducation interculturelle. Lorsque j'ai commencé ma carrière à l'Université de Sherbrooke en 1970, mon attention a rapidement été attirée par une expérience qui venait de débuter dans quelques écoles secondaires. Un groupe d'enseignants travaillaient à mettre sur pied un cours de « culture religieuse » destiné aux étudiants des trois dernières années du secondaire. Il s'agissait là d'une percée intéressante dans le système scolaire confessionnel québécois où l'enseignement religieux catholique était obligatoire pour tous. Ce cours, inspiré surtout de la phénoménologie et de l'histoire des religions, cherchait à fournir aux élèves une meilleure compréhension des principales traditions religieuses de l'humanité.

Pendant les années 1970, mes travaux de recherche et d'enseignement ont été principalement consacrés à l'appui des enseignants engagés dans cette expérimentation (Ouellet et Martel, 1978 ; Ouellet, 1985) et le programme de maîtrise en sciences humaines des religions offert par la Faculté de théologie de l'Université de Sherbrooke a été aménagé de manière à répondre aux besoins de perfectionnement de ces enseignants. On a mis l'accent sur l'initiation à la problématique des sciences humaines et à l'éclairage particulier qu'elles jettent sur les phénomènes religieux. À partir d'une analyse d'expériences similaires aux États-Unis et en Angleterre, j'ai tenté de préciser les fondements théoriques d'une nouvelle approche des phénomènes religieux à l'école, fondée non pas sur des postulats théologiques ou pastoraux, mais sur des postulats proprement éducatifs (Ouellet, 1981, 1985).

Par ailleurs, il m'est rapidement apparu qu'une formation à l'étude des diverses traditions religieuses de l'humanité était incomplète si elle ne comportait pas la possibilité d'entrer en contact avec des populations pour qui la religion constitue une dimension importante de la vie sociale. Mes intérêts personnels m'ont porté à choisir l'Asie du Sud où j'ai organisé plusieurs voyages d'études avec des groupes d'enseignants (Ouellet, 1984). Ces voyages, préparés par des cours d'été et des lectures dirigées, permettaient aux participants d'entrer en contact avec des personnes pour qui l'hindouisme, le bouddhisme ou l'islam constitue une valeur centrale et de «sentir» l'importance de ces traditions religieuses pour leurs adhérents.

Dans le cadre de ce travail de formation, j'ai été amené à réfléchir sur la thématique du pluralisme et, au début des années 1980, à la lecture de divers articles sur un nouveau courant éducatif en train de naître, l'éducation interculturelle, je me suis peu à peu rendu compte que, sans le savoir, j'étais engagé depuis plusieurs années dans un projet d'éducation interculturelle. Et comme les responsables du système d'éducation québécois refusaient d'emprunter la voie d'une approche non confessionnelle de l'éducation religieuse dans la ligne de celle que je proposais en m'inspirant de l'expérience anglaise, j'ai été plus ou moins forcé de réorienter le programme de maîtrise en sciences humaines des religions que je dirigeais dans le sens d'une formation interculturelle des éducateurs de toutes disciplines.

Depuis 1984, mes travaux de recherche visent donc essentiellement à déterminer ce que devrait comporter la formation des éducateurs pour qu'ils soient en mesure de s'engager d'une manière critique et créatrice dans les débats qui entourent l'éducation interculturelle. En 1986, j'ai réuni un groupe de chercheurs québécois et européens qui avaient déjà écrit sur le sujet et ensemble nous avons cherché à définir quelques pistes permettant de s'orienter dans ces débats. Les travaux de ce colloque ont donné lieu en 1988 à la publication d'un ouvrage collectif sur la formation interculturelle des éducateurs (Ouellet, 1988). Un deuxième colloque réunissant des chercheurs québécois a abouti en 1991 à la publication d'un deuxième ouvrage collectif (Ouellet et Pagé, 1991). L'année 1991 a également été marquée par la publication d'un essai sur l'éducation interculturelle (Ouellet, 1991) et des Actes du colloque de l'Association pour la recherche interculturelle tenu à l'Université de Sherbrooke en 1989 (Lavallée *et al.*, 1991). Deux autres colloques organisés dans le cadre de l'ACFAS et réunissant surtout des intervenants du domaine interculturel ont abouti en 1995 à la publication d'un troisième ouvrage collectif (Ouellet, 1995). Un autre ouvrage collectif lié à mes activités de formation interculturelle est paru récemment (Pagé, Ouellet et Cortesao, 2001) ainsi qu'un ouvrage sur une question qui soulève des controverses constantes dans toute entreprise de formation interculturelle, le relativisme[4] (Ouellet, 2000).

Comme on peut le voir à partir de cette description rapide des circonstances qui ont amené la Faculté de théologie de l'Université de Sherbrooke à offrir des programmes de formation interculturelle, cette formation est axée principalement sur les défis que pose à l'ensemble de la société québécoise et à ses institutions une immigration de plus en plus marquée par la diversité culturelle et religieuse. Mais dans le contexte québécois, il existe un autre défi dont l'importance est maintenant devenue incontestable : c'est celui de redéfinir les relations avec les populations autochtones. La question autochtone constitue un axe important des programmes de formation interculturelle offerts par la faculté. Par ailleurs, les remises en question récentes de l'orientation confessionnelle de l'enseignement religieux à l'école ont amené les autorités de cette faculté à envisager très sérieusement l'implantation d'un troisième axe de formation

---

4. Dans cet ouvrage, je tente d'apporter des éléments de réponse à trois questions :
   – Le relativisme met-il sur le même pied les croyances traditionnelles et la science moderne ?
   – Le relativisme est-il une position moralement défendable, puisqu'il semble mettre sur le même pied toutes les conceptions du bien ?
   – Le relativisme culturel peut-il servir de point d'appui à un aménagement viable des relations interculturelles dans des sociétés pluriethniques et plurireligieuses ?

interculturelle centré sur l'enseignement de la religion à l'école dans le cadre des programmes de culture religieuse et d'éducation à la citoyenneté. Dans ces programmes, l'enseignement de la religion à l'école ne relève plus d'un groupe religieux particulier, mais il poursuit des finalités éducatives comparables à celles des autres disciplines scolaires.

Ces quelques indications sur l'évolution des programmes de formation interculturelle à la Faculté de théologie, d'éthique et de philosophie de l'Université de Sherbrooke permettent de comprendre un peu mieux pourquoi les activités de recherche et de formation qui ont servi de base à plusieurs publications et au présent ouvrage s'y sont déroulées.

CHAPITRE I

Quelle formation interculturelle en éducation ?

L A question de la diversité culturelle et religieuse est devenue en cette fin de millénaire un enjeu majeur dans un grand nombre de sociétés du monde. C'est maintenant une thématique omniprésente dans la plupart des disciplines du champ des sciences humaines et sociales où les publications sur le sujet ont littéralement explosé au cours des dernières décennies. Plusieurs événements ont contribué à créer cette situation : les horreurs de la Shoah, la décolonisation, la critique de l'hégémonie occidentale, le mouvement des droits civiques aux États-Unis, la fin de l'apartheid, la fin de la guerre froide et la mondialisation de l'économie. Ces développements ont bien sûr eu un impact sur l'éducation où on a vu apparaître plusieurs mouvements éducatifs visant à promouvoir une plus grande ouverture à la diversité culturelle et religieuse et à lutter contre la discrimination et le racisme : l'éducation multiculturelle/interculturelle, l'éducation antiraciste, l'éducation au développement, l'éducation dans une perspective mondiale (*global education*), l'éducation à la paix, l'éducation bilingue, l'éducation à la démocratie, l'éducation à la citoyenneté.

« L'éducation interculturelle », un mouvement éducatif très hétérogène

La formation interculturelle des éducateurs apparaît à plusieurs promoteurs de ces différents mouvements éducatifs comme la clé de tout changement significatif dans la façon dont l'école aborde la question de la diversité et de l'équité sociale. Mais leur conception du contenu et des orientations de cette formation dépend du mouvement auquel ils se rattachent et de la conception de l'éducation à la diversité et de la lutte à la discrimination qu'ils privilégient au sein de ce mouvement. Si l'on s'en tient au seul mouvement de l'éducation interculturelle[1], on observe déjà une si grande diversité d'orientations qu'il est difficile de donner un contenu précis à cette notion. Une étude réalisée en 1993 par Michel Pagé pour le Conseil supérieur de l'éducation permet de mettre un peu d'ordre dans ce fouillis. Cette étude identifie sept courants d'idées différents qui seraient sous-jacents à ces initiatives de prise en compte du pluralisme ethnoculturel en éducation:

- Courant compensatoire. Assurer les meilleures chances de réussite scolaire chez les élèves des minorités qui constituent une clientèle à risque pour des raisons linguistiques et socio-économiques.

- Courant de la connaissance des cultures. Développer des relations harmonieuses entre les membres de groupes ethniques distincts.

- Courant de l'hétérocentrisme. Reconstruire le savoir constitué par la science et la culture pour détruire les stéréotypes de la suprématie des Blancs; transformer le programme scolaire au nom de la nécessité que l'éducation véhicule une connaissance du monde qui est plus juste et plus vraie que celle qui fut élaborée dans la foulée de la suprématie de l'homme blanc occidental.

- Courant isolationniste. Valoriser les langues patrimoniales et les cultures minoritaires à l'école par des activités séparées.

- Courant antiraciste. Favoriser l'éducation à la critique de la discrimination dans les institutions et la société.

- Courant de l'éducation civique. Promouvoir une éducation pratique aux droits humains et aux valeurs démocratiques.

---

1. J'utiliserai ce terme plus courant en français pour désigner ce que les auteurs anglophones désignent plus souvent par le terme «éducation multiculturelle». Ces deux termes m'apparaissent tout aussi ambigus l'un que l'autre et il faut toujours les définir pour savoir ce dont on parle.

- Courant de la coopération. Promouvoir la coopération en éducation dans les groupes scolaires hétérogènes, centrée sur l'égalisation des statuts (Pagé, 1993, p. 11-12).

L'étude analyse différentes publications qui se situent dans l'un ou l'autre de ces courants d'idées et s'interroge sur leur pertinence en fonction des trois objectifs qu'une éducation devrait poursuivre concurremment pour faire face adéquatement aux défis du pluralisme ethnoculturel :

1) reconnaître et accepter le pluralisme culturel comme une réalité de société ;

2) contribuer à l'instauration d'une société d'égalité de droit et d'équité ;

3) contribuer à l'établissement de relations interethniques harmonieuses (p. 101).

Selon Pagé, pour atteindre ces trois objectifs, l'école québécoise devrait favoriser les initiatives qui s'inspirent de ces différents courants. Seul le courant isolationniste n'a pas de place dans l'éducation interculturelle telle qu'il la conçoit. Il formule également de fortes réserves par rapport au courant de la connaissance des cultures.

Les « effets pervers » du courant de la connaissance des cultures

Toutefois, le courant de « la connaissance des cultures » est souvent celui vers lequel les enseignants se tournent spontanément (Pagé, 1992 ; 1997). Plusieurs des initiatives prises par les écoles pour faire face aux défis du pluralisme ethnoculturel mettent indûment l'accent sur la valorisation et la protection des particularismes ethnoculturels (St-Jacques, 1996), ce qui a pour résultat de provoquer des effets indésirables qui vont à l'encontre des intentions généreuses des éducateurs qui en font la promotion. J'ai présenté ailleurs (Ouellet, 1992) une analyse de ces « effets pervers » qui ont été signalés par plusieurs chercheurs. Certains d'entre eux ont une portée sociale très large tandis que d'autres sont plus spécifiques du monde scolaire. J'en ai identifié trois dans le premier groupe :

– l'enfermement des individus dans une identité culturelle fixe et immuable qui les prive de leur liberté de choisir leur «formule culturelle» (Camilleri, 1988/1990) ;

– le renforcement des frontières entre les groupes et l'accentuation des risques d'intolérance et le rejet de l'Autre (Steele, 1990 ; Pagé, 1992) ;

– l'accentuation des difficultés d'accès à l'égalité des chances pour les immigrants et les membres des groupes minoritaires (Steele, 1990 ; Simard, 1991 ; Ghosh, 1991).

Dans le contexte scolaire, une trop grande insistance sur les particularismes ethnoculturels peut avoir des conséquences négatives additionnelles :

– la perplexité paralysante qui risque de s'emparer du maître relativiste qui ne sait plus ce qu'il a le droit d'enseigner s'il veut respecter la culture des élèves des minorités (Kleinfield, 1975 ; Camilleri, 1988/1990) ;

– la stigmatisation et la marginalisation des élèves des minorités qu'on assigne à une identité socialement déva-lorisée (Nicolet, 1987) ;

– la réification et la folklorisation de la culture qui cesse d'être une réalité vivante qui fournit le mode d'emploi de la vie (J.-J. Simard, cité dans Ouellet, 1991, p. 91) ;

– la fragmentation du programme scolaire sous l'impact des revendications particularistes (Ravitch, 1990, D'Souza, 1991).

La simple énumération de ces effets pervers et celle des dif-férents courants d'idées qui se disputent le champ de l'éducation interculturelle suffisent, je crois, à montrer qu'il s'agit d'un champ d'intervention complexe dans lequel il serait hasardeux de s'aventurer sans préparation. La capacité d'intervenir efficace-ment dans ce domaine suppose une analyse systématique des divers courants d'idées qui s'affrontent et des effets pervers que certains d'entre eux sont susceptibles d'engendrer.

Il faut toutefois reconnaître que les éducateurs et les autres intervenants suffisamment déstabilisés dans leur pratique profes-sionnelle pour s'engager dans des activités de formation inter-culturelle ne semblent pas toujours conscients de cette complexité lorsqu'ils amorcent leur formation. Bernard Lorreyte attirait l'attention dès 1982 sur un autre facteur qui complique la mise sur pied de programmes de formation interculturelle répondant aux attentes des intervenants. Dans le cadre de sa pratique de formateur à l'Agence de développement des relations interculturelles (ADRI), il avait constaté que lorsque les intervenants réclament une formation interculturelle, ils souhaitent généralement qu'on leur fournisse de l'information sur la culture de ceux qu'ils rencontrent dans le cadre de l'institution où ils travaillent : « Dites-nous qui ils sont pour que nous puissions mieux les gérer.» Telle est la demande implicite avec laquelle les intervenants arrivent au début du programme de formation[2]. Comme le montrait Lorreyte, aller dans le sens d'une telle demande, c'est contribuer au problème plutôt qu'à sa solution, en durcissant les identités en présence et en enfermant les « autres» dans une identité figée et fantasmagorique qui ne correspond pas aux réalités vécues par les personnes issues de ces cultures.

En mettant ainsi indûment l'accent sur la connaissance des cultures, les promoteurs de l'éducation interculturelle ont considérablement affaibli l'impact qu'ils auraient pu avoir sur l'éducation. Pagé (1997) identifie trois limites de ce mouvement éducatif qui aurait selon lui avantage à s'inspirer des travaux récents liés au courant de l'éducation à la citoyenneté (Gagnon et al., 1996 ; Conseil supérieur de l'éducation, 1998) dont l'apport potentiel à l'harmonisation des rapports interculturels est beaucoup plus prometteur :

- Il propose des stratégies insuffisantes pour régler les rapports interethniques dans la société. Il ne suffit pas de promouvoir l'ouverture par rapport aux différences culturelles pour voir s'établir des rapports harmonieux entre les citoyens. Les personnes de cultures différentes doivent s'entendre sur des normes communes dans les institutions, les commerces et les services : « Dans la vie concrète, la coexistence de la diversité des modes de vie et des valeurs ne va pas de soi ; elle doit être organisée,

---

2. Ce type de demande de la part des enseignants ressort également d'une enquête réalisée en Ontario par Solomon et Levine-Ratsky (1994, p. 42, 52).

négociée, discutée en fonction des contraintes de la réalité. Il manque donc à l'approche interculturelle une approche des rapports sociaux par lesquels les individus peuvent parvenir à organiser leur vie commune en se respectant mutuellement» (p. 5-6).

• Il fait de la connaissance des cultures la clé de la compréhension des personnes. On présuppose ainsi que c'est la culture ethnique d'un individu qui «détermine tous ses choix dans les actes qu'il pose dans sa vie». Or les recherches (Breton *et al.*, 1990) ont montré qu'il existe une très grande variation dans les rapports que les individus entretiennent avec leur culture ethnique. «Par conséquent, il n'est aucunement certain que la connaissance d'une culture donnée soit la meilleure clé et la seule pour entrer en contact avec les membres du groupe auquel cette culture appartient» (p. 7).

• Il accorde à la connaissance mutuelle une influence exagérée sur la diminution des préjugés. Les chercheurs en psychologie sociale (Bourhis *et al.*, 1994) ont montré que les problèmes qui surgissent dans les rapports entre humains sont rarement provoqués par les différences culturelles elles-mêmes, mais résultent de mécanismes complexes qui amènent les membres d'un groupe, quel qu'il soit, à avoir des préjugés et des comportements discriminatoires favorables aux membres de leurs groupes (p. 8).

Je partage les réserves de Pagé face à certaines initiatives qui se présentent sous l'étiquette d'«éducation interculturelle». Je pense comme lui que l'éducation interculturelle doit s'articuler étroitement à l'éducation à la citoyenneté, car il s'agit de deux champs éducatifs complémentaires. Il importe d'éviter les désaccords stériles comme ceux qui ont opposé pendant longtemps l'éducation antiraciste et l'éducation interculturelle (Parekh, 1986 ; Ouellet, 1997). Dans ma vision des choses, une initiative éducative peut être considérée comme s'inscrivant dans le champ de l'éducation à la citoyenneté lorsqu'elle poursuit *concurremment* cinq préoccupations/valeurs :

– l'ouverture à la diversité culturelle et religieuse ;

– la cohésion sociale ;

- la participation critique à la vie et à la délibération démocratique ;
- l'égalité des chances et l'équité ;
- le respect de la vie sur la planète.

On peut rattacher plus spécifiquement la première préoccupation au champ de l'éducation interculturelle et la deuxième à celui de l'éducation à la citoyenneté, mais tout programme équilibré d'éducation interculturelle ou d'éducation à la citoyenneté doit faire une place importante à la troisième et à la quatrième préoccupations. Et un programme d'éducation à la citoyenneté doit accorder une place à la préoccupation écologique.

Il existe des divergences d'opinion très profondes entre les citoyens sur l'importance relative qu'il faut accorder à chacune de ces préoccupations. Une poursuite trop exclusive de la première serait certainement de nature à soulever des résistances chez ceux pour qui la deuxième ou la troisième est fondamentale. Les promoteurs de l'ouverture du système d'éducation au pluralisme ethnoculturel et religieux doivent donc satisfaire aux préoccupations légitimes des partisans de la cohésion sociale et des partisans de l'égalité[3] et situer leurs initiatives dans le cadre d'un effort pour démocratiser la vie de l'école et le fonctionnement des classes.

Le principal défi pour les éducateurs soucieux d'éviter les effets pervers décrits plus haut est de maintenir un équilibre entre ces quatre préoccupations. Éducation interculturelle et éducation à la citoyenneté doivent aller de pair, comme le reconnaissait le Conseil supérieur de l'éducation (1998) dans son avis sur l'éducation à la citoyenneté et le ministère de l'Éducation (1998) dans son énoncé de politique interculturelle.

---

3. Il me paraît y avoir une certaine sagesse dans la stratégie suggérée par Kautz (1995) aux libéraux (partisans de la liberté). Selon lui, ceux-ci devraient faire des alliances avec les républicains (partisans de la vertu patriotique) et avec les démocrates (partisans de l'égalité). Les partisans de la vertu et les partisans de l'égalité étant beaucoup plus nombreux que les partisans de la liberté, les libéraux sont voués à l'échec s'ils veulent convaincre tous les citoyens d'adhérer à leurs valeurs. En effet, ils apparaîtront toujours comme une menace aux partisans de la vertu et à ceux de l'égalité. Tout ce qu'ils peuvent espérer d'eux, c'est qu'ils les laissent tranquilles, qu'ils les « tolèrent ».

Pour donner à ces principes un caractère plus concret, il peut être utile de décrire les caractéristiques d'une école qui poursuivrait systématiquement ces quatre préoccupations d'ouverture à la diversité, de recherche de l'égalité et de l'équité, de promotion de la cohésion sociale et de la délibération démocratique :

- Elle accorde une priorité très haute aux moyens qui favorisent la réussite scolaire de tous les élèves.

- Elle procède à une autocritique constante des fonctionnements qui conduisent certaines catégories d'élèves à l'échec ou à des orientations moins valorisées.

- Elle accorde une place significative à diverses traditions culturelles et religieuses dans tous les programmes scolaires, dans le matériel pédagogique, dans le calendrier des fêtes et dans la décoration de l'école.

- Elle reflète la diversité culturelle et religieuse de la société dans son corps professoral et dans son personnel.

- Elle est gérée d'une manière démocratique et favorise la participation des élèves à la gestion de l'école et de la classe.

- Elle encourage l'utilisation des stratégies de la coopération dans les apprentissages scolaires, en particulier celles qui mettent l'accent sur les apprentissages conceptuels complexes et de haut niveau et sur l'atténuation des effets des inégalités de statut sur la participation égalitaire aux tâches effectuées en coopération[4].

- Elle s'est donné une politique de lutte contre la discrimination et le racisme élaborée conjointement par la direction et tous les membres du personnel.

- Elle favorise la collaboration avec les parents et prend des moyens pour que la communication avec les parents des minorités et les parents récemment arrivés soit efficace.

- Elle a défini des critères acceptés par tous les membres du corps professoral et du personnel pour évaluer

---

4. Sur cette forme originale d'apprentissage en coopération et sa pertinence pour l'éducation interculturelle, voir Cohen, 1994 ; Ouellet, 1994 ; Pagé, 1995 ; Évangéliste *et al.*, 1995, 1996.

régulièrement sa performance par rapport à chacune de ces caractéristiques[5].

Je voudrais esquisser ici ma vision de la formation dont les enseignants ont besoin pour enseigner efficacement dans ce genre d'école. Dans la première partie, je fournirai quelques indications sur trois types de stratégies de formation interculturelle des éducateurs qui ont fait récemment l'objet de publications importantes. Je présenterai ensuite le modèle de formation interculturelle sous-jacent aux programmes dont j'ai la responsabilité à l'Université de Sherbrooke. Dans la troisième partie, on trouvera une discussion des principaux obstacles qui limitent l'impact de la formation interculturelle en éducation et quelques pistes pour les surmonter.

Trois approches de la formation interculturelle

Avant de présenter les grandes lignes de ce qui m'apparaît comme les composantes essentielles d'une formation interculturelle en éducation, il peut être utile d'examiner rapidement trois approches qui constituent, selon moi, des sources d'inspiration pour toute initiative dans ce domaine. L'approche de la « critique radicale » est importante parce qu'elle met l'accent sur la justice et l'équité sociale et sur les facteurs structuraux qui contribuent à maintenir la situation d'oppression de certains groupes dans la société. Cette préoccupation est essentielle à toute formation interculturelle et il importe d'autant plus de la rappeler qu'elle risque d'être mise en veilleuse par l'accent mis sur la cohésion sociale dans le discours sur la citoyenneté qui domine présentement. L'apprentissage en coopération selon les perspectives d'Elizabeth Cohen est un deuxième champ de recherche et d'expérimentation pédagogique qui mérite une attention spéciale parce qu'on y retrouve des moyens efficaces pour gérer l'hétérogénéité de la classe et pour concilier les préoccupations d'ouverture à la diversité, d'équité et de cohésion sociale. Pour ce qui est des différentes formules d'échange scolaire, elles fournissent un terrain très riche pour des projets pédagogiques faisant

---

5. J'emprunte plusieurs de ces caractéristiques à l'excellent ouvrage de Mal Leicester (1989).

appel à l'apprentissage en coopération et elles constituent une voie privilégiée d'ouverture de l'école sur le monde[6].

L'approche « critique radicale »

Le courant du «multiculturalisme civique» et celui du «multiculturalisme critique» se disputent l'allégeance des chercheurs et des formateurs depuis une dizaine d'années (McCarthy, 1993; Sleeter et McLaren, 1995; Goldberg, 1994; Lacorne, 1997; Fullinwider, 1996; Kincheloe et Steinberg, 1997). Christine Sleeter s'inscrit dans le second courant. Elle distingue cinq approches de l'éducation multiculturelle aux États-Unis :

– *l'enseignement aux élèves culturellement différents*, où l'on cherche à améliorer le rendement scolaire des élèves de couleur non seulement en cherchant à renforcer leur *self-concept*, mais aussi en développant des programmes plus compatibles avec leur culture. Mais comme cette approche ne s'attaque pas aux barrières structurelles, elle n'est pas la plus populaire chez les défenseurs de l'éducation multiculturelle ;

– *l'amélioration des relations humaines*, où l'on cherche à améliorer la qualité des relations interpersonnelles et du climat à l'intérieur de l'école. Cette approche ne s'attaque pas, elle non plus, au racisme institutionnel, mais c'est la plus populaire auprès des enseignants blancs ;

– *l'enseignement centré sur la lutte contre l'oppression par des groupes particuliers,* par exemple, les études noires, les études chicanos, les études féministes, les études homosexuelles et lesbiennes, etc. Contrairement aux deux autres approches, celle-ci est ouvertement politisée ;

– *l'éducation multiculturelle,* où l'on cherche à transformer la vie de l'école pour qu'elle devienne un modèle de société pluraliste et égalitaire. «Ses promoteurs concentrent leurs énergies à réformer les diverses dimensions

---

6. Il aurait été pertinent d'examiner une quatrième approche largement utilisée dans la formation interculturelle. Il s'agit de la méthode des «incidents critiques». Mais comme l'espace manque, on se reportera aux travaux de Cohen-Émérique (1984, 1994) et à l'excellent article de De Frankrijker (1998).

des processus scolaires, comme le curriculum, la pédagogie, l'implication des parents et la classification des
élèves (*tracking*) » ;

- *l'éducation multiculturelle et émancipatrice*, où on
aborde directement les questions d'oppression et de discrimination et où on vise à préparer les élèves à l'action
sociale (Sleeter, 1996, p. 6-7).

Selon Sleeter, les critiques formulées par la gauche radicale
contre le « multiculturalisme bénin » portent à faux en ce qui concerne cette dernière approche de l'éducation multiculturelle.
Celle-ci s'attaque, en effet, au racisme blanc, « aux systèmes qui
donnent à ceux d'entre nous qui sont d'origine européenne un
plus grand accès aux ressources de la société qu'aux groupes de
couleur, et aux croyances que les Blancs utilisent pour justifier de
tels systèmes » (p. 4). Sleeter opte résolument en faveur de cette
dernière conception et décrit l'éducation multiculturelle comme
une forme de résistance à l'oppression qui cherche à définir des
pratiques éducatives pour lutter contre l'oppression de divers
groupes sociaux dans la société américaine. Elle a été historique-
ment liée au mouvement des droits civiques des Noirs américains dans les années 1960, mais avec la montée de la droite
pendant les années 1980, elle a été mise en veilleuse. Sleeter
croit qu'il faut la réaffirmer avec force.

Cette conception critique et émancipatrice de l'éducation
interculturelle était sous-jacente à un programme de formation
interculturelle qu'elle a mis sur pied en 1987 et qui a duré
deux ans. Un groupe de trente enseignants du primaire et du
secondaire de deux districts scolaires du Mid-Ouest américain y
étaient inscrits. Le programme comportait dix journées de sessions intensives au cours desquelles les enseignants étaient libérés
de leur tâche d'enseignement. Il a fait l'objet d'une évaluation
systématique dans un ouvrage (Sleeter, 1992) qui présente un
compte rendu détaillé d'une étude ethnographique qui permet
d'en déterminer l'impact sur la façon de voir des enseignants et
sur leurs pratiques pédagogiques. Cette évaluation s'appuie sur
des données recueillies lors d'entrevues et sur des observations
effectuées pendant les sessions de formation et dans les classes.
C'est une des rares études qui permet de mesurer les retombées
d'un programme de formation interculturelle en se basant non

seulement sur ce qu'en disent les participants, mais également sur ce qu'ils en font dans leur pratique pédagogique.

K.M. Zeichner et K. Hoeft (1996) présentent un examen critique des principales initiatives américaines visant à « aider les enseignants à acquérir les attitudes, les connaissances, les habiletés et les dispositions dont ils ont besoin pour travailler efficacement avec une population culturellement diversifiée » (p. 525). Il ressort de cette étude que la recherche sur le perfectionnement des maîtres fournit des recommandations très précises sur la façon de développer différentes compétences spécifiques. Ces recommandations incluent la nécessité d'impliquer les enseignants dans la planification des activités de perfectionnement, de mettre l'accent sur l'autoapprentissage et sur la démonstration, de donner l'occasion de faire des essais supervisés, de fournir un support et une rétroaction continu et de lier le perfectionnement à la politique générale de l'école. Mais la recherche n'accorde que très peu d'attention à la préparation relative à la diversité culturelle et ne permet pas de préciser les paramètres d'un perfectionnement qui dépasserait la simple sensibilisation aux différences et la tolérance de la diversité. Certains programmes de perfectionnement ont cherché à aller plus loin en proposant des sessions d'immersion culturelle dans des communautés minoritaires ou en développant des cours sur les constructions racistes de la réalité. Mais il existe peu de données empiriques sur l'impact de ces stratégies sur la sensibilité et la compétence interculturelle des enseignants.

En dépit de ce manque de données, Zeichner et Hoeft citent plusieurs expériences de perfectionnement qui mettent en œuvre trois principes généralement admis par ceux qui développent des programmes de perfectionnement des maîtres aux États-Unis :

- Le perfectionnement doit permettre un engagement intellectuel, social et émotif avec des collègues dans des projets significatifs qui dépassent le cadre scolaire.
- Le perfectionnement doit prendre en compte d'une manière explicite les contextes d'enseignement et l'expérience des enseignants.

- Le perfectionnement prépare les maîtres à utiliser les techniques et les perspectives de l'enquête.

Plutôt que de recevoir passivement une information dispensée par des spécialistes, les enseignants sont parfois invités à travailler en collaboration avec des anthropologues à des recherches sur une communauté minoritaire d'où proviennent leurs étudiants et à l'analyse des répercussions des observations ethnographiques sur la classe. Cette forme de collaboration entre chercheurs et éducateurs est très différente des interactions hiérarchisées qui prévalent généralement dans les programmes de perfectionnement.

Il existe toutefois un débat entre les chercheurs sur la nécessité de pousser au-delà du développement le perfectionnement des habiletés techniques et de chercher à produire les transformations personnelles que supposent la remise en question d'attitudes et de pratiques racistes et l'ouverture à la diversité culturelle. Certains croient même qu'il faut amener les enseignants à utiliser des techniques éducatives qui produisent une amélioration des performances scolaires des élèves, et ce, quelles que soient les attitudes des enseignants. Ainsi, une fois qu'ils auront vu que les élèves des minorités peuvent réussir, leurs croyances concernant les carences de leur culture familiale pourront changer. Cependant, la majorité des intervenants dans ce débat mettent l'accent sur la transformation des attitudes et des croyances des enseignants ou sur une combinaison de changement d'attitudes et de développement de compétences spécifiques. De plus, les activités de perfectionnement centrées sur le développement personnel doivent s'accompagner d'efforts constants pour produire un changement institutionnel au moyen de projets à long terme où on fournit un appui et une rétroaction continus et où on met en place des structures qui favorisent la collaboration et la collégialité.

La position de Sleeter rejoint plusieurs des points de celle de Zeichner et Hoeft, mais elle est plus précise. Elle résume les conditions générales d'un bon programme de perfectionnement des éducateurs :

- Il se déroule à l'école et s'inscrit dans ses projets.
- Les enseignants participent à la planification, à l'organisation et à la réalisation des activités de formation.

- L'accent est mis sur l'autoformation et sur la diversité des formes de perfectionnement.

- Les enseignants jouent un rôle actif dans la sélection des objectifs et des activités de perfectionnement.

- L'accent est mis sur la démonstration, l'expérimentation supervisée et la rétroaction. La formation est concrète et se poursuit sur une longue période.

- Le soutien et l'assistance sont offerts sur demande.

- Les écoles ont des normes qui encouragent la collégialité et l'expérimentation.

- Les administrateurs travaillent avec les enseignants pour clarifier les objectifs et les attentes et ils les appuient activement dans leurs efforts pour changer leurs pratiques.

- Les efforts doivent être concentrés sur les changements du programme scolaire et sur les façons d'enseigner et de gérer la classe pour aider l'élève à apprendre.

- Il doit y avoir un suivi assez long pour que les nouveaux comportements soient intégrés dans la pratique courante (p. 36-37).

Rares sont, selon Sleeter, les programmes de perfectionnement qui réunissent toutes ces caractéristiques. Le projet qu'elle a évalué en possédait quelques-unes : les enseignants ont pu participer à la définition des objectifs et au choix des activités de formation ; la formation s'est déroulée sur une plus longue période et elle a été plus systématique que celle de la plupart des programmes de ce genre ; plusieurs sessions ont porté sur des activités pratiques. Mais la formation ne se déroulait pas dans l'école ; il n'y avait pas de soutien actif de la part de l'administration ; il n'y avait pas de supervision ni de rétroaction en classe (p. 200-201).

Toutefois, les conditions ci-haut mentionnées ne suffisent pas pour définir les objectifs des promoteurs de programmes de formation en éducation multiculturelle. Toujours selon Sleeter, ils ne s'intéressent généralement qu'à la croissance personnelle des enseignants et au développement de nouvelles habiletés et ils négligent tout ce qui a trait à la mise en œuvre d'une « politique plus large » (p. 37). Elle définit ainsi ce qu'elle entend par là : « La finalité ultime de l'éducation multiculturelle est de changer les écoles comme institutions pour qu'elles servent les intérêts des enfants des groupes opprimés » (*ibid*). Un programme de formation en éducation multiculturelle doit donc viser non seulement à changer les attitudes et les comportements des enseignants, mais aussi le fonctionnement même de l'institution scolaire :

> Parmi les éléments ou les processus qui doivent être changés, il faut inclure le curriculum, les formes de classification (*tracking*) et de regroupement qui produisent de la ségrégation à l'intérieur des écoles, les pratiques d'évaluation qui « prouvent » l'infériorité des élèves des classes sociales inférieures et des minorités, les stratégies d'enseignement, les relations entre les élèves et les communautés qu'elles servent, les politiques linguistiques et les programmes d'apprentissage des langues étrangères ainsi que la composition du personnel de l'école (p. 39).

La conception de l'éducation multiculturelle proposée par Sleeter s'inscrit dans le courant du « structuralisme radical » ou du « multiculturalisme critique ». Ce courant rejette les principes sous-jacents au conservatisme et au libéralisme : l'individualisme et la compétition. Il vise à amener les enseignants à remettre en question le racisme institutionnel et à participer activement aux mouvements d'émancipation des divers groupes opprimés de la société américaine. Pour ces groupes, le rêve américain n'est qu'un rêve aussi longtemps qu'on ne s'attaque pas aux barrières structurelles qui empêchent leurs membres d'améliorer leur position dans la hiérarchie sociale.

C'est donc cette « politique sociale plus large » qui sert de point de référence à Sleeter pour évaluer l'impact du programme de formation. Elle constate qu'il n'a pas réussi à modifier la façon dont les enseignants abordent les questions de diversité et d'inégalité et à rendre la majorité d'entre eux plus conscients du rôle de l'école, comme institution, dans le maintien de ces inégalités. Ils continuent d'appliquer une grille de lecture conservatrice ou libérale et ils résistent à la grille du structuralisme radical qui voit dans les inégalités le résultat de la compétition entre groupes plutôt qu'entre individus. Elle observe que plusieurs enseignants ont investi beaucoup d'énergie dans l'utilisation des stratégies de l'apprentissage en coopération à la suite de leur formation, mais elle minimise la portée de ce changement, n'y voyant que l'addition d'une nouvelle stratégie d'enseignement, et ce, sans que les aspects structuraux du fonctionnement de l'école qui contribuent à créer les inégalités ne soient remis en question.

La plupart des enseignants n'ont pas fait le lien entre l'éducation multiculturelle et un mouvement social collectif visant à redistribuer les ressources entre les groupes. L'éducation interculturelle est devenue pour eux un outil pour s'attaquer aux problèmes qu'ils voyaient dans leurs classes : les tensions entre des groupes d'étudiants, l'ennui et l'échec (p. 178).

Sleeter propose en conclusion quelques pistes pour que les programmes de formation produisent des changements plus significatifs : c'est l'école, plutôt que les enseignants, qui devrait en être le centre ; il faudrait travailler à améliorer la qualité des relations entre les enfants, les parents, les enseignants et les administrateurs et cesser de traiter les enseignants comme de simples exécutants dans une école où le fonctionnement est de plus en plus bureaucratisé ; il faudrait travailler à rendre les enseignants plus conscients de l'oppression et de leur position sociale dans un système qui génère et maintient l'oppression. Il faudrait faire une place aux rêves et aux formes de civilisation des peuples autochtones et africains ; enfin, il faudrait connecter davantage l'éducation multiculturelle aux mouvements sociaux d'émancipation des groupes opprimés et former les enseignants pour qu'ils deviennent des activistes engagés dans ces mouvements[7].

Tous ceux qui s'intéressent au perfectionnement des éducateurs pour qu'ils soient mieux en mesure de bâtir une école

---

7. Pour une expérience très intéressante de stratégie pédagogique utilisée avec succès pour amener de futurs maîtres originaires de la classe moyenne à se solidariser avec les perspectives des groupes opprimés, voir Sleeter, 1995, p. 415-437. Les étudiants devaient rédiger un essai sur le « pourquoi » d'une situation concernant la race, la classe sociale ou le genre qu'ils ne comprenaient vraiment pas. Cet essai devait distinguer entre le point de vue « dominant » et le point de vue « minoritaire » sur la nature de la société et sur celle des groupes opprimés. Leur analyse de l'oppression devait distinguer les niveaux individuel, institutionnel et symbolique. Avant de s'engager dans un travail sur le terrain dans des organisations communautaires urbaines sur la question qu'ils avaient choisie, ils devaient analyser l'autobiographie d'une femme blanche de classe moyenne qui découvre l'impact de la discrimination raciale sur les Noirs américains dans les années 1960. Pendant tout le projet, les étudiants devaient travailler en collaboration et confronter leurs perceptions et leurs interprétations.

ouverte à la diversité et mobilisée contre les inégalités trouveront dans les travaux de Sleeter et des nombreux auteurs, surtout américains, qui se rattachent au courant de « l'éducation multiculturelle critique » beaucoup d'éléments très stimulants pour la réflexion et pour l'action. En particulier, ces ouvrages les rendront plus conscients de la nécessité de trouver des moyens d'amener les enseignants à remettre en question leurs approches pédagogiques et le fonctionnement de l'école et d'être à l'écoute des parents et des élèves des groupes qui occupent une position inférieure dans la hiérarchie sociale.

L'étude de Sleeter a démontré qu'un des principaux changements induits par le programme de formation qu'elle a mis sur pied a été de susciter chez les participants un plus grand intérêt pour l'apprentissage en coopération qui leur fournit des façons de surmonter le sentiment d'impuissance qu'ils éprouvent souvent devant l'hétérogénéité grandissante de leur classe et le manque de motivation d'une bonne partie de leurs élèves. Selon Sleeter, cette constatation n'est pas un indice du succès du programme de formation qu'elle a évalué parce qu'elle ne reflète pas une prise de conscience de la situation des groupes opprimés et une volonté de lutter contre l'oppression. Elle ne semble pas connaître l'instruction complexe, la forme d'apprentissage en coopération développée à l'Université Stanford par Elizabeth Cohen (1994). L'instruction complexe fournit pourtant aux éducateurs des outils très efficaces pour atteindre les objectifs d'équité sociale qui sont centraux dans la perspective de Sleeter et cette approche paraît moins susceptible de provoquer des résistances que le courant radical.

L'apprentissage en coopération et l'égalisation des statuts

Contrairement à certaines formes d'apprentissage en coopération où l'insistance sur le développement d'habiletés sociales se fait au détriment de la qualité des apprentissages scolaires, dans l'approche de Cohen, le développement des habiletés sociales apparaît comme un moyen de renforcer les apprentissages des matières scolaires et la maîtrise des habiletés conceptuelles de haut niveau. Et ce qui fait son originalité, c'est qu'elle attache une très grande importance à la réussite scolaire des élèves en difficulté et qu'elle fournit aux enseignants les moyens de les aider.

On trouve en annexe une présentation d'une remarquable clarté d'E. Cohen sur les principes sous-jacents à cette approche et les stratégies sur lesquelles repose sa mise en œuvre effective dans les classes. Au chapitre II et au chapitre III, je tenterai de montrer pourquoi cette approche devrait occuper une place centrale dans tout projet d'éducation interculturelle et d'éducation à la citoyenneté et dans tout projet de réforme de l'éducation qui vise à donner à tous les élèves une chance égale de réussir à l'école.

La pédagogie de l'échange scolaire

La pédagogie de l'échange scolaire apparaît à plusieurs éducateurs comme une voie privilégiée pour introduire une perspective interculturelle dans les apprentissages scolaires tout en évitant les nombreux effets pervers qui guettent toutes les initiatives dans ce domaine. Cette approche peut prendre des formes multiples (Marcq Jousselin, 1995 ; Fahmy, 1995 ; Blain, 1995), mais elles ont en commun l'établissement d'une communication avec des élèves de culture différente, ce qui les oblige à sortir du cadre restreint de la classe ou de l'école. La retombée principale semble être une plus grande participation des élèves et une motivation accrue à apprendre. Cette pédagogie a été au centre de la stratégie élaborée par l'Office franco-allemand pour la jeunesse pour tenter de cicatriser les blessures laissées par les deux guerres mondiales (Alix et Kodron, 1988 ; Alix, 1995). Cette expérience a donné lieu à des publications importantes sur les dimensions linguistiques et psychosociales de la communication interculturelle (Ladmiral et Lipiansky, 1989). Ces travaux ont jeté un éclairage particulièrement intéressant sur les processus de mobilisation identitaire qui interviennent dans les échanges scolaires. Il faut également signaler ici l'ouvrage de Cummins et Sayers (1995) qui propose d'utiliser le réseau Internet pour établir des réseaux d'apprentissage ouverts sur le monde au moyen d'une pédagogie d'« exploration critique en collaboration » (*critical collaborative inquiry*) inspirée par les travaux de Célestin Freinet et de Mario Lodi. Cet ouvrage ouvre des perspectives très intéressantes pour la multiplication des projets d'échanges scolaires entre pays développés et pays pauvres et pour un croisement fécond entre l'approche de l'échange scolaire et celle de l'apprentissage en coopération.

On trouve une autre forme de pédagogie de l'échange sco-laire dans le programme d'Intercultura. Cette organisation non gouvernementale italienne a coordonné des échanges scolaires qui ont permis à des milliers d'élèves de faire des stages de trois mois à un an dans un pays étranger. Elle a également dirigé, au cours des vingt dernières années, des échanges scolaires visant plus de 300 classes du secondaire et des séminaires de formation qui ont rejoint plus de 2 000 de leurs enseignants du secondaire. Huit facteurs d'intervention sont identifiés comme ayant joué un rôle clé dans le succès de ces échanges :

- Aborder les échanges selon une approche interdisciplinaire.
- Considérer l'échange comme un processus (avant, pendant, après).
- Fixer des objectifs clairs (l'objectif premier devrait être de mieux se connaître soi-même grâce à la vie dans un autre pays ; un objectif secondaire pourrait être un projet d'apprentissage spécifique de la classe ou d'un élève en particulier).
- S'assurer de l'accord entre les partenaires internationaux.
- Bien sélectionner les participants (les enseignants comme les élèves).
- Préparer les participants par des sessions d'orientation qui traitent d'aspects spécifiques du pays hôte et des habiletés en communication interculturelle.
- Conduire l'échange en mettant l'accent sur le temps « libre » (le concept de temps libre n'est pas le même partout).
- Effectuer une évaluation rigoureuse (Ruffino, 1998, p. S85).

Les recherches réalisées par Hofstede (1994) dans les années 1970 sur les valeurs liées au travail dans 50 pays différents servent de cadre de référence pour analyser et développer les apprentis-sages interculturels qui se produisent lors de ces échanges. Ce cadre de référence permet de comprendre les différences qui peu-vent exister entre les cultures quant à la compréhension des attentes mutuelles et des rôles respectifs des enseignants et des élèves. Il est structuré autour de quatre dimensions :

- pouvoir et inégalité : la distance qui sépare les gens qui occupent des positions de pouvoir différentes ;

- relation entre l'individu et le groupe : individualisme versus collectivisme ;
- rôles sociaux que devraient jouer les hommes et les femmes : ils sont bien distincts dans les sociétés «masculines», mais ils se recoupent dans les sociétés «féminines» ;
- le comportement à l'égard de l'incertitude : «l'évitement de l'incertitude» est le degré où les membres d'une culture particulière se sentent menacés par les situations incertaines et inconnues (Ruffino, p. S80).

Hosftede a développé une grille de différences en fonction de chacune de ces quatre dimensions. Plusieurs différences peuvent exister à l'intérieur d'un même pays, d'une même ethnie et, souvent, d'une même classe. La grille peut aider les éducateurs à les identifier. Mais il faut l'utiliser avec vigilance et éviter d'en faire le pôle central d'une formation interculturelle si l'on ne veut pas tomber dans l'un ou l'autre des effets pervers mentionnés plus haut.

Les composantes d'une formation interculturelle

Quelles devraient être les composantes principales d'une formation interculturelle qui fournirait aux éducateurs des orientations claires sur la façon de mettre en œuvre la vision de l'éducation interculturelle présentée plus haut tout en évitant les effets pervers signalés par les chercheurs ? Lorreyte proposait une double stratégie : une pédagogie de la *déconstruction identitaire* où l'on cherche à déconstruire l'homogénéité postulée pour soi et pour les autres et une pédagogie de la *situation* où les rapports interculturels sont analysés dans des situations concrètes où les individus et les groupes entrent en contact dans un contexte historique et social déterminé. Cette approche me paraît toujours très pertinente et elle a inspiré la «stratégie du détour» que j'ai proposée ailleurs (Ouellet, 1994) et dont il peut être utile de reprendre ici quelques éléments. Plutôt que de chercher à répondre directement aux attentes des enseignants, les programmes dont j'ai la responsabilité (Ouellet, 1999) les entraînent dans deux détours : détour par l'examen critique des grandes thématiques théoriques qui permettent de penser en même temps l'ouverture à la diversité ethnoculturelle, la recherche d'une cohésion sociale dans un espace commun de délibération et la lutte contre la discrimination et les inégalités ; détour par l'exploration « gratuite » de certains aspects de la situation sociale, politique et économique d'une société étrangère et de la dynamique qui a marqué l'évolution de la culture des citoyens de ce pays et de ceux qui ont immigré au Québec[8]. Ces détours permettent d'aborder d'une manière renouvelée les deux autres composantes du programme de formation : l'élaboration et la mise en œuvre d'un projet d'intervention cherchant à apporter une contribution à l'amélioration de la qualité de l'éducation offerte à tous les élèves, à la lumière des perspectives nouvelles ouvertes par la réflexion théorique, et une sensibilité plus grande aux expériences diverses des personnes issues de groupes culturels minoritaires avec qui ils sont entrés en interaction dans le cadre de l'exploration d'un univers culturel étranger et le développement de compétences spécifiques de l'éducation interculturelle.

Les fondements théoriques

On peut distinguer cinq grands axes dans les thématiques théoriques dont les enseignants doivent avoir une compréhension minimale pour être en mesure de situer les défis du pluralisme ethnoculturel dans le cadre plus large des grandes transformations des sociétés modernes et des phénomènes qui les provoquent :

- culture, ethnicité et identité dans le contexte de la modernité et de la « postmodernité » ; relativisme culturel et nécessité de le dépasser ;
- obstacles aux relations interculturelles : préjugés, discrimination, hétérophobie, racisme ; problèmes de l'antiracisme ;
- égalité des chances, dynamique de l'exclusion et de la marginalisation, cercle vicieux de la culpabilisation-victimisation, mesures d'accès à l'égalité et effets pervers de ces mesures ;
- nation, communauté, État ; nationalisme, libéralisme, démocratie pluraliste, citoyenneté ; éducation civique, éducation à la démocratie ;

---

8. Ce détour peut être complété par l'exploration d'un univers culturel étranger pour les enseignants de la classe moyenne : la culture des milieux ouvriers et des milieux défavorisés.

– modèles d'insertion des immigrants dans une société
pluriethnique moderne : assimilation, multiculturalisme,
intégration pluraliste ; politiques concernant l'immigration et l'intégration des immigrants dans quelques pays
occidentaux et au Québec.

Le tableau suivant permet de voir que chacun de ces
thèmes se rattache à l'une ou l'autre des préoccupations/valeurs
qui sont au centre de tout projet d'éducation interculturelle. Il
permet également d'identifier huit dispositions/vertus (Pagé,
1996, p. 170) que tout programme de formation interculturelle
et d'éducation à la citoyenneté devrait chercher à développer.

PRÉOCCUPATIONS/ VALEURS	DISPOSITIONS/ VERTUS	CONCEPTS/ THÈMES PERTINENTS
• Acceptation de la diversité culturelle	• Tolérance • Compréhension interculturelle	• Culture, ethnicité et identité dans le contexte de la modernité • Relativisme culturel et nécessité de le dépasser • Obstacles aux relations interculturelles : préjugés, discrimination, hétérophobie, racisme • Problèmes de l'antiracisme
• Cohésion sociale (recherche d'un principe d'appartenance collective)	• Loyauté à la communauté politique (locale, régionale, nationale) • Modération dans l'affirmation identitaire	• Nation, communauté, État ; nationalisme, libéralisme, démocratie pluraliste • Modèles d'insertion des immigrants dans une société pluriethnique moderne : assimilation, multiculturalisme, intégration pluraliste ; politiques concernant l'immigration et l'intégration des immigrants dans quelques pays occidentaux
• Équité et égalité	• Solidarité avec la lutte des groupes opprimés pour un bénéfice égal de la loi	• Égal bénéfice de la loi ; exclusion et marginalisation ; le cercle vicieux de la culpabilisation\victimisation ; l'« affirmative action » et ses effets pervers
• Participation critique à la vie et à la délibération démocratique	• Délibération sur les désaccords moraux • Participation aux débats et aux décisions	• Délibération démocratique, citoyenneté ; éducation civique, éducation à la démocratie

Un examen rapide de cette thématique complexe permet de se rendre compte que la démarche proposée aux enseignants les éloigne pour un bon moment des préoccupations pratiques avec lesquelles ils arrivent souvent à l'université. Il ne s'agit pas de donner des trucs à la mode et des outils pédagogiques déjà au point qu'il ne leur resterait plus qu'à adapter aux conditions particulières de leur classe. Il s'agit plutôt de leur fournir un cadre conceptuel plus large et plus critique que celui qu'ils possèdent déjà et de les amener à redéfinir leur perception des défis du pluralisme à la lumière de la compréhension nouvelle que ce cadre conceptuel leur permet d'acquérir.

Ainsi, par exemple, ils doivent réfléchir sur l'identité individuelle et collective et sur le sort de la culture et de l'ethnicité dans la matrice culturelle moderne (Simard, 1988/1990 ; Giddens, 1994 ; Touraine, 1992 ; Taylor, 1992 ; 1989/1998), sur la postmodernité (Bauman,1997), sur le relativisme culturel (Rorthy, 1994 ; Kautz, 1996 ; Zaw, 1996 ; Ouellet, 1994, 1999, 2000), sur le racisme et son enracinement dans le fonctionnement même du social (Wieviorka, 1991 ; Sibony, 1997), sur l'antiracisme et ses problèmes (Taguieff, 1991 ; Cohen, 1988/1993 ; Palmer, 1986), sur les mesures d'accès à l'égalité et leurs effets pervers (Noblet, 1993 ; Steele, 1990 ; D'Souza, 1991), sur le nationalisme et ses problèmes (Wieviorka, 1993 ; Parekh, 1995 ; Jacques, 1998 ; Seymour, 1999, 1999a), sur le patriotisme constitutionnel (Habermas, 1998), sur le libéralisme et le communautarisme (Kautz, 1995) et sur la démocratie délibérative (Pourtois, 1993 ; Gutmann et Thompson, 1996). Cette démarche d'analyse critique des questions théoriques complexes que soulève le pluralisme ethnoculturel les met en contact avec les travaux de chercheurs de plusieurs disciplines qui tentent de comprendre l'évolution des sociétés modernes. Cela les amène tout naturellement à réexaminer certaines idées reçues et certains préjugés négatifs qu'ils pouvaient avoir sur les immigrants, sur des groupes culturels minoritaires ou par rapport à certaines pratiques culturelles qui posent problème dans la société d'accueil[9]. Plusieurs de ces

---

9. Plusieurs auteurs croient que les attitudes et les idées racistes doivent faire l'objet d'une confrontation explicite dans la formation interculturelle (Tavares *et al.*, 1995 ; Solomon et Levine-Ratsky, 1994). Mais à la lumière des résultats de l'enquête de Solomon et Levine-Ratsky (p. 34-38) qui révèle une forte résistance des enseignants face à ce genre de confrontation, on peut se demander si une telle stratégie est efficace.

« problèmes » s'enracinent dans une mauvaise compréhension du fonctionnement de la démocratie dans les sociétés pluriethniques modernes. Une meilleure compréhension des concepts utilisés par la sociologie, la psychologie sociale, les sciences politiques et la philosophie politique pour analyser ce fonctionnement permet de distinguer les faux problèmes de ceux qui ont des fondements objectifs (Camilleri, 1992, p. 41-42). Il ne fait pas de doute que ces problèmes doivent faire l'objet d'une réflexion critique dans le cadre d'un programme de formation interculturelle. Leur solution passe souvent par la mise en place d'«accommodements raisonnables» (McAndrew, 1995) dont on peut difficilement percevoir la nécessité si on n'a pas une compréhension au moins minimale des enjeux théoriques sous-jacents à la thématique esquissée plus haut.

On doit toutefois reconnaître qu'il faut en général un certain temps pour que les enseignants engagés dans un programme de perfectionnement en viennent à saisir l'importance de cette réflexion théorique. Leur formation initiale les a généralement peu initiés aux approches des sciences sociales et ils ne se sentent pas familiers avec les concepts et les problématiques de ces disciplines. Mais j'ai pu constater que ceux qui persistent, en dépit du malaise qu'ils éprouvent au départ, en viennent assez rapidement non seulement à voir la pertinence de cette démarche théorique, mais à y prendre plaisir. Cette constatation est également ressortie très clairement du rapport d'évaluation du programme (Charbonneau *et al.*, 1995, p. 449-450). La stratégie douce, mais exigeante, du détour par l'exploration de cette problématique théorique me semble ainsi plus productive et plus intéressante qu'une stratégie de confrontation ou de culpabilisation. En plus de permettre aux enseignants d'être mieux équipés intellectuellement pour comprendre les enjeux des débats que soulève l'ouverture au pluralisme ethnoculturel dans la société québécoise et ailleurs dans le monde et pour participer à ces débats, elle les rend plus conscients des effets pervers que les initiatives centrées sur la valorisation et la protection des particularismes entraînent inévitablement. En outre, elle oriente leur imagination et leur créativité pédagogique vers des avenues où ils risquent moins que leurs interventions fassent partie du problème plutôt que de sa solution.

L'exploration d'un univers culturel étranger

On peut s'interroger sur la pertinence de ce détour par l'exploration d'une tradition culturelle étrangère dans un programme de formation interculturelle. Certains pourront penser qu'il s'agit là d'un luxe que les intervenants aux prises avec des défis urgents n'ont pas le loisir de se permettre. J'estime pour ma part qu'ils ont justement besoin de prendre un certain recul par rapport au climat d'urgence et de tension dans lequel apparaissent souvent les défis du pluralisme ethnoculturel. L'exploration de la situation sociale, économique et politique d'un pays étranger, surtout si elle est liée à un projet éventuel de voyage dans le pays étudié, permet d'introduire un élément de plaisir gratuit dans la démarche de formation. La découverte d'un univers culturel étranger peut être une expérience très agréable et humainement gratifiante si elle s'accompagne d'une initiation à la littérature étrangère et aux traditions religieuses, musicales, esthétiques ou culinaires d'un autre pays. Les plus « gourmands » iront même jusqu'à se mettre à l'étude de la langue du pays pour pouvoir communiquer plus facilement avec ses habitants[10].

Par ailleurs, l'exploration de la dynamique socioculturelle du pays choisi et de l'évolution de ses traditions religieuses et culturelles dans un contexte d'immigration constitue également une excellente occasion de tester la validité de plusieurs des notions théoriques analysées dans le premier bloc d'activités du programme. En particulier, elle permet de voir concrètement comment la culture et l'ethnicité se combinent à divers facteurs sociaux et politiques dans l'autre société et d'avoir des points de comparaison pour mieux comprendre comment les mêmes mécanismes dans son propre univers culturel sont à l'œuvre. Si l'on cherche à interpréter les traditions culturelles et religieuses du pays étudié à l'aide du tableau des fondements théoriques, on sera amené à situer les particularismes ethnoculturels dans un

---

10. Je fais moi-même partie de la catégorie des « gourmands ». Mon intérêt pour l'Inde m'a amené à l'étude du hindi lors d'une année sabbatique en 1981-1982. Depuis, j'ai poursuivi mon apprentissage en lisant des romans et des nouvelles écrits en hindi et en traduisant plusieurs nouvelles d'un auteur classique de la littérature hindie (Premchand, 1996, 2000).

cadre sociopolitique très large et on pourra ainsi éviter les nombreux « effets pervers » qui guettent toute activité de formation centrée sur la découverte de la culture de l'autre[11].

Cette démarche d'exploration d'un univers culturel étranger fournit aux personnes inscrites au programme de formation l'occasion d'entrer en contact avec des immigrants et d'avoir avec eux des interactions qui pourront être vécues sous les modes de la découverte et de l'enrichissement mutuel et non sous ceux de l'incompréhension et de la confrontation, comme c'est trop souvent le cas[12].

D'un autre côté, pour les enseignants qui appartiennent à la classe moyenne, l'univers culturel des élèves et des parents qui proviennent de milieux populaires est aussi un univers culturel étranger. L'expérience pédagogique de Sleeter (1996), mentionnée plus haut, montre bien qu'il leur est difficilement accessible, mais qu'ils peuvent apprendre à le connaître si on met en place les stratégies appropriées. Il semble donc opportun d'inclure dans un programme de formation interculturelle pour enseignants des activités qui les prépareront à mieux comprendre cet univers et à établir des liens de collaboration avec les parents des élèves qui proviennent de ces milieux afin de fournir aux élèves les conditions qui leur donneront de véritables chances de réussir à l'école.

Toutes ces raisons m'amènent à persister dans ma conviction que le détour par l'exploration d'une culture étrangère n'est pas un luxe pour une formation interculturelle dans un contexte de mondialisation des échanges et d'élargissement des écarts entre les conditions de vie dans les pays les plus industrialisés et les pays pauvres. Loin de là, ce détour peut contribuer d'une manière significative au développement de la vision planétaire dont nous aurons besoin pour faire face aux défis nouveaux qui interpellent aujourd'hui toutes les sociétés. Le détour par l'exploration de la culture de la pauvreté est également d'une grande

---

11. Comme on peut le voir, on est loin ici de la démarche visant à « connaître la culture de l'autre afin de mieux le gérer » décrite par Lorreyte (1982/1988) et de la tendance à exagérer l'importance de la culture dans les rapports interethniques dénoncée par Pagé (1996).
12. Une recherche récente sur la prise en compte de la diversité dans les garderies (Bernhard *et al.*, 1995) est très éclairante sur l'importance d'une collaboration réelle avec les parents pour les intervenants du secteur de la petite enfance.

pertinence dans le contexte d'une économie en voie de mondialisation où l'écart entre les « bons consommateurs » et les « consommateurs imparfaits » (Bauman, 1997) est en train de s'élargir d'une manière inquiétante.

Dans le cadre de cette activité, les enseignants sont invités à explorer quelques aspects importants du modèle culturel dominant dans un pays qu'ils ont le goût de visiter et à les situer dans la dynamique des rapports souvent tendus avec les groupes minoritaires. Cette recherche doit aboutir à la rédaction d'une courte monographie dans laquelle ils visent à approfondir les points suivants :

– l'univers religieux traditionnel et ses transformations contemporaines ;

– la famille et l'éducation des enfants ;

– le système d'éducation ;

– les tensions entre tradition et modernité ;

– les rapports entre les groupes culturels et religieux et les politiques de l'État dans ce domaine ;

– les problèmes économiques et leur impact sur la volonté d'immigrer.

Pour ce faire, ils doivent consulter des spécialistes capables de leur conseiller les ouvrages les plus importants pour comprendre la situation religieuse, culturelle, sociale et politique de ce pays. Ils sont également invités à échanger sur les résultats de leurs recherches avec des immigrants cultivés originaires de ces pays et à discuter avec eux des transformations qu'a subies leur culture à la suite de leur transplantation dans un nouvel environnement et des difficultés qu'a représentées pour eux l'immigration dans un nouveau pays.

La nature même de cette activité exige que les enseignants puissent choisir le pays qu'ils exploreront. Mais dans le contexte québécois, il m'apparaît pertinent d'encourager ceux qui n'ont pas de choix bien arrêté de centrer leur exploration sur l'univers culturel, social et politique des autochtones du Québec. Les obstacles qu'il reste à surmonter pour que les rapports entre ceux-ci et les autres Québécois soient satisfaisants sont d'une grande complexité. Une formation interculturelle qui ne comporterait pas une analyse sérieuse de la question autochtone et qui ne permettrait pas d'entrer directement en contact avec les membres de ces communautés serait une formation tronquée qui néglige de faire face à un des grands défis du pluralisme ethnoculturel qui se pose au Québec.

Pour ce qui est de l'exploration de l'univers de la culture populaire et de celle de la pauvreté, les étudiants seront engagés dans une recherche-action sur l'environnement socioaffectif des élèves qui proviennent des milieux populaires, sur la culture de leurs parents et sur les conditions dans lesquelles s'opère la communication entre l'école et la famille. Ils travailleront à l'élaboration d'un projet visant à améliorer cette communication en s'inspirant d'initiatives originales réalisées ailleurs.

Le projet d'intervention

Même s'il n'y a rien de plus pratique qu'une bonne théorie, une formation interculturelle ne peut se limiter à l'examen critique de la thématique théorique dont nous avons identifié les principaux éléments et à son actualisation dans l'exploration d'une tradition culturelle étrangère. Elle doit également fournir aux enseignants des éléments de stratégie pour intervenir efficacement auprès de leurs élèves et des indications sur la façon de les préparer à faire face aux défis du pluralisme ethnoculturel. L'éventail des stratégies pédagogiques possibles est toutefois limité par les nombreux effets pervers que produisent celles qui sont trop centrées sur les particularismes ethnoculturels et s'inscrivant dans une adhésion non critique à une idéologie du pluralisme culturel. Cet ensemble d'effets pervers constitue en quelque sorte un «mur théorique» qui force encore une fois les enseignants à faire un détour et à aborder les défis du pluralisme ethnoculturel dans le contexte plus large d'un renouvellement de la pédagogie et d'une éducation à la citoyenneté.

Deux champs d'expérimentation pédagogique paraissent particulièrement féconds pour tous ceux qui veulent faire preuve de créativité pédagogique en tenant compte des risques de dérive que la réflexion théorique a fait apparaître : la pédagogie de l'échange scolaire et l'apprentissage en coopération. Si on

combine les deux approches, on pourra en arriver progressivement à transformer la pédagogie pour qu'elle reflète les trois préoccupations fondamentales d'une éducation véritablement
interculturelle : l'ouverture à la diversité ; l'égalité et l'équité ; la
cohésion sociale.

Des compétences spécifiques

Les discussions qui précèdent permettent d'identifier un certain
nombre de compétences dont la maîtrise pourrait être considérée comme essentielle aux éducateurs désireux de s'inscrire
dans le courant de l'éducation interculturelle :

- Les compétences pour porter un jugement critique sur
  les diverses thèses qui s'affrontent sur chacun des
  cinq thèmes des fondements théoriques mentionnés
  plus haut.

- Les compétences pour recueillir des données ethnographiques sur les élèves, leur famille et leur milieu socio-
  culturel, les interpréter et les appliquer à l'élaboration de
  stratégies de collaboration famille-école.

- Les compétences pour gérer les problèmes de statut
  dans les groupes d'apprentissage en coopération, pour
  élaborer des tâches complexes faisant appel à des apprentissages conceptuels de haut niveau et pour appliquer le
  traitement des habiletés multiples[13].

- Les compétences en communication interculturelle pour
  collaborer avec les parents dont la culture et le milieu
  social sont différents.

- Les compétences pour gérer les conflits de valeurs et les
  désaccords moraux par la délibération démocratique, la
  médiation interculturelle et la négociation d'accommodements raisonnables.

---

13. Le chapitre II et et l'article d'Elizabeth Cohen reproduit en annexe
    apportent des précisions importantes sur ces compétences et sur les
    moyens d'aider les enseignants à les maîtriser.

- Les compétences pour élaborer avec des collègues des critères pour mesurer le caractère démocratique de la gestion, le contenu interculturel des programmes, les procédures d'évaluation et d'orientation, les politiques d'embauche d'enseignants des minorités, la présence de stéréotypes dans le matériel scolaire, le climat interculturel de l'école (calendrier scolaire, affiches).

Ces compétences ne comportant pas le même niveau de complexité, il apparaît d'emblée impossible de les développer toutes lors de la formation initiale des enseignants. Leur développement doit donc relever de la formation continue et faire l'objet d'un programme structuré. De brèves sessions de sensibilisation ne suffisent pas. Il n'est pas encore possible d'être très catégorique sur les moyens les plus efficaces à prendre pour les développer. L'étude de la documentation sur ces compétences est certainement un moyen à ne pas négliger. Mais la meilleure façon d'apprendre à maîtriser la plupart d'entre elles est sans doute de s'engager dans un projet d'intervention qui y fait appel, après s'être sérieusement engagé dans les détours que j'ai décrits plus haut, celui de la théorie et celui de l'exploration d'un univers culturel étranger.

Les obstacles à la formation interculturelle

Si la complexité et le caractère controversé des questions soulevées par une prise en compte de la diversité ethnoculturelle en éducation ainsi que les risques d'effets pervers d'initiatives mal éclairées dans ce domaine semblent justifier l'importance d'un perfectionnement des enseignants aux prises avec ces questions, il faut reconnaître que plusieurs obstacles les empêchent de percevoir la nécessité de cette formation.

L'un de ces obstacles est lié au sentiment de menace de leur identité professionnelle qu'éprouvent plusieurs enseignants face à la transformation de la clientèle scolaire causée par la présence d'enfants d'immigrants originaires de pays dont la culture est très différente de celle de la société d'accueil. Nombreux sont ceux qui perçoivent une antinomie entre la mission de l'école de socialiser à une culture particulière (la culture française en France, la culture québécoise au Québec) et le message implicite de certaines initiatives réunies sous l'étiquette d'éducation interculturelle qui semblent placer toutes les cultures sur le même pied. Il faut signaler dans ce contexte l'ouvrage de Hohl (1996) dans lequel elle souligne les résistances manifestées par certaines enseignantes face aux demandes d'accommodement de la part de parents récemment immigrés. Les données empiriques qu'elle a recueillies avec son équipe indiquent que ces enseignantes se sentent interpellées dans leur identité professionnelle, de femmes, de Québécoises et de syndiquées. Pour plusieurs, les demandes d'adaptation qui leur sont adressées apparaissent comme une remise en question des acquis des années 1970-1980.

Ce genre de perception a des fondements réels dans la mesure où de nombreuses initiatives d'éducation interculturelle s'inscrivent dans une idéologie du pluralisme culturel (Goulbourne, 1991) et où leurs promoteurs ne sont pas conscients des effets pervers dont j'ai parlé plus haut ni de ce que j'ai appelé ailleurs « les pièges du relativisme culturel » (Ouellet, 2000) et dont certaines formes radicales aboutissent à « une mystification du droit à la différence qui se retourne contre ceux en faveur de qui il était édicté » (Ouellet, 1994, p. 154). D'après Sélim Abou (1992, p. 33-35) à qui j'empruntais cette critique, le droit à la différence réclamé par le relativisme culturel peut même se retourner en droit à l'enfermement, à l'oppression et à la mort.

On peut comprendre que devant ces excès, plusieurs enseignants soient réticents à s'engager dans l'aventure de l'éducation interculturelle et y voient un obstacle à l'intégration des immigrants et une menace au maintien d'une société francophone ayant une identité distincte en Amérique du Nord. Certains sont tentés de se replier sur une position assimilatrice qui se cache souvent derrière les concepts de culture nationale ou de « culture publique commune ». On est ainsi enfermé dans la confrontation stérile entre deux positions extrêmes : la valorisation et la protection des différences culturelles ou le déni de ces différences et une fermeture totale au pluralisme.

Il existe toutefois une autre voie, plus complexe et plus nuancée : celle de l'intégration pluraliste ou de la citoyenneté pluraliste. Des publications de plus en plus nombreuses permettent d'en préciser les contours et d'en évaluer les répercussions sur l'éducation interculturelle (Gagnon *et al.*, 1996 ; Pagé, 1997 ; Conseil supérieur de l'éducation, 1998). Adopter ce modèle, c'est décider de moins investir dans la défense des particularismes ethnoculturels et de travailler plutôt à créer de multiples espaces d'interaction et de délibération où chaque citoyen pourra intervenir sur un pied d'égalité, sans devoir renier ce qu'il est. Cela suppose que chacun est préparé à voir son identité et son rapport à son groupe d'appartenance se transformer dans ce processus ouvert d'interaction et de délibération démocratique (Spinner, 1994), ce qui n'est pas incompatible avec la possibilité pour ceux qui le souhaitent d'accorder une importance primordiale à leur participation à leur groupe d'appartenance (Parekh, 1989).

Il faut reconnaître que les développements théoriques dans ce domaine sont très récents et font encore l'objet de vifs débats entre chercheurs. Mais il est possible d'affirmer qu'un des obstacles à la perception de l'éducation interculturelle comme un champ de formation important a été partiellement levé par l'intensification des recherches et la multiplication des publications qui permettent d'avoir une vision plus claire et plus nuancée de la nature des défis que pose le pluralisme ethnoculturel en éducation et des moyens de les relever efficacement. S'il était vrai il y a quinze ans que l'absence d'un corpus substantiel de connaissances théoriques et appliquées ne permettait pas à la formation interculturelle de prétendre au statut de discipline universitaire sérieuse, ce n'est plus le cas aujourd'hui.

Toutefois, dans le contexte actuel de restrictions budgétaires, ces développements théoriques ne suffiront pas à modifier la perception que les enseignants ont de l'importance d'une formation systématique en éducation interculturelle. Plusieurs recherches aux États-Unis, en Angleterre et au Canada (Sleeter, 1992 ; Forster, 1990 ; Ahlquist, 1990 ; Solomon et Levine-Ratsky, 1994) font en effet état de leur résistance face aux tentatives visant à les amener à réviser leurs perceptions et leurs attitudes personnelles à l'égard de la diversité ethnoculturelle et à transformer leurs pratiques pédagogiques, le contenu des programmes et l'organisation de la vie scolaire de manière à favoriser l'équité ethnoculturelle et à mieux préparer les élèves à vivre dans une société pluraliste[14]. On voit mal comment il pourrait être possible de surmonter ces résistances à moins que les enseignants ne reçoivent un signal clair qu'il s'agit là d'une priorité importante pour le gouvernement. Au Québec, on attendait depuis longtemps une politique d'ensemble sur l'éducation interculturelle qui mettrait l'accent sur les mesures s'adressant à l'ensemble de la population scolaire et visant plus particulièrement les élèves de la société d'accueil (États généraux de l'éducation, 1995). Le ministère de l'Éducation l'a finalement publiée en1998. L'éducation interculturelle apparaît maintenant comme un défi qui concerne toutes les écoles et qui est clairement distingué de celui de l'intégration linguistique et culturelle des immigrants. La politique propose des mesures très précises pour favoriser cette intégration, mais pour ce qui est de l'éducation interculturelle, elle ne se penche pas suffisamment sur les moyens qui devront être fournis aux écoles pour que cette politique devienne une réalité. Particulièrement troublant à ce sujet est le silence complet de l'énoncé de politique sur un des moyens qui devrait être privilégié, l'apprentissage en coopération.

Il n'est pas réaliste de penser que cette politique aura un effet réel dans les écoles à faible densité ethnique si on ne précise pas ce qu'on attend d'elles dans ce domaine et si on ne leur fournit pas les moyens d'atteindre les objectifs fixés. Pour que l'éducation interculturelle devienne une préoccupation importante dans toutes les écoles, les programmes scolaires devront fournir des indications claires sur les connaissances et les habiletés qu'il faut développer chez les élèves pour les préparer à participer à l'interaction et à la délibération démocratique dans une société pluriethnique. Par exemple, au Québec, l'orientation des programmes d'enseignement religieux et moral, qui était encore à caractère confessionnel jusqu'en 1999, devra faire l'objet d'une révision fondamentale pour tenir compte de la

---

14. Solomon et Levine-Ratsky (1994, p. 7-12) ont examiné la documentation américaine, anglaise et canadienne sur le sujet. Ces auteurs insistent sur les résistances liées à la perception même de leur mission éducative par la majorité des enseignants : « La résistance à la politique d'équité s'explique lorsqu'on considère que les principes d'assimilation, de discipline de groupe et de contrôle physique, de méritocratie, d'individualisme, de démocratie et de vérité constituent la pierre angulaire non seulement de nos écoles, mais de la fière tradition libérale-humaniste qui les étaye » (p. 9).

diversité religieuse[15]. C'est à cette condition que les enseignants de toutes les écoles pourront se sentir personnellement concernés par les défis du pluralisme ethnoculturel et, éventuellement, plus disposés à fournir les efforts nécessaires pour acquérir la formation qui les aidera à apporter une contribution originale à cette tâche difficile[16].

Toutefois, en dépit de ses limites, la politique d'éducation interculturelle devrait permettre de contourner plus facilement un autre obstacle qui accompagne souvent les offres de perfectionnement en formation interculturelle. Ces offres sont fréquemment perçues par les personnes à qui elles s'adressent comme le véhicule d'une accusation implicite d'étroitesse d'esprit et même de racisme. Beaucoup des policiers qu'on oblige à suivre des sessions en formation interculturelle se perçoivent comme des objets de la sollicitude de personnes « éclairées » qui se sentent autorisées à leur dire quelles sont les idées et les attitudes « correctes » en matière d'immigration et de relations avec les « communautés culturelles ». On peut comprendre que ce type de perception ne les rend pas très réceptifs par rapport à la formation qu'on veut leur offrir (Pelletier, 1990, p. 60). Il n'est pas exclu que ce genre de perception soit aussi présent chez les enseignants à qui on propose une formation interculturelle. En faisant de l'éducation interculturelle un défi éducatif important pour préparer l'avenir de la société québécoise et en fournissant des indications précises sur la contribution attendue de toutes les écoles pour y faire face, on pourra plus facilement éviter cet écueil. Les programmes de perfectionnement qui ne s'attaquent pas directement aux conceptions et aux attitudes des partici-

---

15. Un groupe de travail mis sur pied par le ministre de l'Éducation du Québec a proposé des vues nouvelles sur la place de la religion dans les écoles et sur l'enseignement culturel des religions (Ministère de l'Éducation, 1999). Le ministre n'a pas retenu ces recommandations et a maintenu la possibilité d'un enseignement confessionnel jusqu'à la troisième année du secondaire. Pour les deux dernières années du secondaire, un nouveau programme d'éthique et de culture religieuse sera développé. Le temps consacré à l'enseignement religieux et moral a été considérablement réduit, ce qui rend problématique la possibilité d'intéresser les enseignants à se doter de la formation nécessaire pour les dispenser. Pour un aperçu du débat qui a conduit à la situation actuelle, voir Ouellet, 2000a.

16. Lynch (1985) propose une stratégie très prometteuse pour amener les enseignants des écoles où il y a peu d'hétérogénéité ethnoculturelle à percevoir l'importance de l'éducation interculturelle.

pants à l'immigration et aux diverses cultures présentes dans l'espace national et qui les amènent sur la voie des détours décrits plus haut seront également moins susceptibles d'engendrer ce type de perceptions négatives.

Cette vision de la formation interculturelle est-elle pertinente en dehors du milieu de l'éducation ?

Les défis du pluralisme ethnoculturel et de l'équité sociale se posent d'une manière très spécifique en éducation et il n'est pas possible de transposer directement aux intervenants dans d'autres institutions les stratégies qui s'imposent dans ce domaine lorsqu'on veut préparer les éducateurs à y faire face efficacement. L'expérience acquise en formation interculturelle des maîtres permet néanmoins de dégager quelques pistes pour définir les orientations de tout programme structuré de formation interculturelle :

- Les activités de formation interculturelle doivent maintenir un équilibre dans la poursuite de quatre préoccupations/valeurs centrales : l'ouverture à la diversité, la cohésion sociale, la délibération démocratique et l'équité sociale.

- Les approches centrées sur la connaissance des cultures engendrent des « effets pervers ».

- Les approches qui mettent l'accent sur la confrontation des attitudes racistes et sur la modification des attitudes à l'égard des immigrants et des étrangers ne sont pas efficaces et provoquent souvent des résistances chez les intervenants.

- Les approches centrées sur le développement d'habiletés et de compétences spécifiques en communication interculturelle sont insuffisantes.

- Un programme de formation interculturelle doit fournir des outils conceptuels pour analyser les grandes transformations qui traversent les sociétés contemporaines et l'impact de ces transformations sur l'équilibre de ces trois préoccupations.

- Le programme doit fournir des outils conceptuels pour analyser les mécanismes sociaux et psychosociaux liés à la construction de l'identité individuelle et collective qui génèrent la catégorisation, la discrimination, l'exclusion et la domination.

- Le programme doit amener les intervenants à appliquer ces outils conceptuels à l'étude d'une société étrangère.

- Le programme doit amener les intervenants à appliquer ces outils conceptuels à l'analyse des conditions spécifiques de l'institution où ils travaillent.

- Le programme doit amener les intervenants à développer des projets visant à relever les défis du pluralisme ethnoculturel et de l'équité sociale qui se posent dans l'institution où ils travaillent.

Ces principes généraux se dégagent de l'analyse des expériences de formation interculturelle des éducateurs que nous avons examinées ici. Ils constituent, selon moi, une grille utile pour évaluer la pertinence et la valeur des diverses offres de formation qui sont proposées aux intervenants aux prises avec les défis du pluralisme ethnoculturel en éducation et dans les autres institutions de l'État et de la société civile.

La forme particulière que prendra un programme de formation qui chercherait à respecter ces principes pourra varier selon les réponses explicites ou implicites que les formateurs apportent à plusieurs questions difficiles auxquelles les chercheurs et les théoriciens offrent souvent des réponses très différentes[17].

- Faut-il centrer les interventions sur la transformation des institutions ou sur celle des représentations, des attitudes et des comportements des individus ?

- Si l'on croit qu'il faut surtout chercher à transformer les institutions, faut-il privilégier :
  - la critique radicale de la distribution du pouvoir dans la société et les institutions et l'action militante en solidarité avec les groupes opprimés dans la société ?

---

17. Les développements qui suivent sont tirés de la conclusion d'un rapport de recherche qui dresse un bilan critique de la formation interculturelle au Québec entre 1986 et 1996 (Ouellet, Charbonneau et Ghosh, 2000, p. 364-366).

- la lutte contre la discrimination indirecte et la négociation d'accommodements raisonnables ?
- la délibération démocratique sur les questions où persistent des désaccords moraux profonds ?

• Si l'on croit que la transformation des institutions commence par celle des individus, faut-il surtout insister sur :
- le développement d'habiletés pour améliorer la communication interculturelle ?
- la modification des représentations, des attitudes et des comportements par une meilleure connaissance de l'autre ?
- la prise de conscience souvent douloureuse que le rejet de l'autre est souvent lié au processus de construction identitaire et la mise en œuvre de stratégies de déconstruction ?

Par ailleurs, le contenu et le format des offres de formation interculturelle peut également varier selon :
- l'importance relative que les formateurs accordent aux individus et aux communautés dans la recherche d'un équilibre entre les trois préoccupations mentionnées plus haut ;
- l'importance relative qu'on accorde aux facteurs socio-économiques et aux facteurs culturels dans les stratégies proposées pour arriver à cet équilibre ;
- que l'on opte pour une confrontation directe des représentations, des attitudes et des comportements pouvant être qualifiés d'ethnocentriques, sexistes, homophobes ou racistes ou pour une « stratégie du détour » qui cherche à situer ce combat dans le cadre de luttes pour des enjeux sociaux plus larges ;
- le type de clientèle cible à laquelle la formation s'adresse (intervenants auprès d'immigrants récents et de réfugiés, institutions et entreprises qui ont une politique d'ouverture à la diversité et d'accès à l'égalité, entreprises qui n'ont pas de telle politique et le public en général) ;
- qu'il s'agit d'une formation structurée des personnes appelées à jouer un rôle de leadership dans l'adaptation des institutions à la diversité ethnoculturelle et

religieuse ou d'activités de sensibilisation des personnels de ces institutions et de ces entreprises. La formation interculturelle des animateurs de ces activités de
sensibilisation pose d'ailleurs des défis particuliers.

Les formateurs reconnaissent généralement la difficulté de
donner une formation qui respecte l'ensemble des principes
généraux identifiés ici. Pour ce qui est des programmes de formation mis sur pied dans les universités, certains insistent pour
qu'ils s'articulent d'une manière plus explicite aux problèmes
concrets qu'ils rencontrent sur le terrain. Plusieurs doutent de la
possibilité d'assurer une formation adéquate dans le cadre de
sessions brèves et la plupart insistent sur l'importance d'assurer
un suivi des activités de formation.

Toutefois, le contexte actuel de restrictions budgétaires
dans les institutions financées par l'État semble rendre très difficile la participation à ce type de formation. La plupart des personnes que nous avons interviewées déplorent la faible priorité
accordée à la formation interculturelle dans l'utilisation des fonds
pour le perfectionnement. La question de la formation interculturelle n'apparaît pas comme une priorité de la plupart des institutions de la société québécoise. Cette situation rend de plus en
plus difficile le recrutement dans les programmes structurés de
formation interculturelle offerts par les universités. Même la
demande pour les sessions de courte durée semble avoir
diminué au cours des dernières années. Mais on peut penser que
c'est surtout dans le cadre de ce type de sessions que la formation interculturelle sera surtout dispensée au cours des pro-
chaines années. D'où l'importance des recherches visant à en
évaluer l'efficacité.

CHAPITRE II

Les compétences pour l'instruction complexe

L'ÉDUCATION interculturelle et l'éducation à la citoyenneté sont devenues depuis quelques années des enjeux majeurs en éducation. Comme j'ai tenté de le démontrer dans le premier chapitre, cinq préoccupations/valeurs sont au cœur des nombreuses initiatives qui surgissent présentement dans ces deux domaines étroitement reliés :

- la cohésion sociale (la recherche d'un principe d'appartenance collective) ;
- l'acceptation de la diversité culturelle ;
- l'équité et l'égalité ;
- la participation critique à la vie et à la délibération démocratique ;
- le souci écologique.

Les quatre premières préoccupations/valeurs sont au centre de tout projet articulé d'éducation interculturelle ou à la citoyenneté. Tel que je l'ai indiqué auparavant, un programme cohérent de formation interculturelle doit fournir aux éducateurs des outils conceptuels pour analyser les grandes transformations qui bouleversent les sociétés contemporaines ainsi que leur impact sur l'équilibre de ces préoccupations. Je tenterai de démontrer dans ce chapitre pourquoi un tel programme doit également fournir aux éducateurs la possibilité de développer des compétences spécifiques pour l'utilisation efficace des stratégies de l'apprentissage en coopération et de l'instruction complexe qui leur permettent d'incarner ces valeurs dans leur classe et dans leur école.

Pour faire cette démonstration, il apparaît essentiel d'analyser certains aspects de la réforme de l'éducation amorcée en 2000-2001 dans les premières années du primaire. Comme l'approche par compétences y occupe une place importante, on voit mal comment une discussion des compétences interculturelles pourrait faire l'économie d'une discussion sur le sens que prend cette notion dans la réforme. Par ailleurs, la compréhension qu'on a du concept de compétences dépend en grande partie du modèle de pédagogie qu'on adopte. Ainsi, l'idée qu'on aura des moyens de les développer sera très différente si on adopte un modèle socio-constructiviste ou un modèle cognitiviste/computationnel (Bruner, 1996, 1997). Comme la réforme de l'éducation cherche à rendre les élèves plus actifs dans leur apprentissage et s'inscrit dans le cadre d'un modèle socioconstructiviste, il m'a semblé important d'examiner les effets d'une telle option. En particulier, ne suppose-t-elle pas que l'apprentissage en coopération et le travail en groupe ne soient plus seulement une méthode pédagogique parmi d'autres, mais une composante centrale de la démarche de construction du savoir par les élèves? D'un autre côté, les stratégies de l'apprentissage en coopération ont surtout été utilisées dans l'enseignement primaire et au premier cycle du secondaire. Cette approche pédagogique est-elle pertinente aux niveaux supérieurs d'enseignement où la maîtrise d'une discipline prend de plus en plus d'importance? Enfin, l'objectif central de la réforme est la réussite scolaire de tous les élèves, mais on peut se demander si les moyens fournis aux écoles pour l'atteindre sont réalistes. En particulier, est-il possible d'atteindre ces objectifs sans accorder une attention spéciale à la formation et au perfectionnement des enseignants?

Mes travaux sur l'éducation interculturelle m'ont amené à privilégier «l'instruction complexe», une forme originale d'apprentissage en coopération développée à l'Université Stanford par Elizabeth Cohen, dans tout projet visant à introduire une perspective interculturelle dans la vie de l'école et l'apprentissage scolaire. Je tenterai de démontrer que cette approche pédagogique fournit aux enseignants les moyens efficaces d'atteindre cet objectif. Je proposerai quelques pistes pour les aider à développer les compétences qu'exige sa mise en œuvre. Mais avant d'aborder ce point, il me paraît important de chercher à en connaître un peu plus sur la place de l'apprentissage en coopération dans un système d'éducation qui opte pour un modèle socio-constructiviste. Je partirai de l'interprétation que K. Bruffee (1995) en donne dans un ouvrage fascinant où il propose une forme d'apprentissage en coopération adaptée aux défis spécifiques de l'enseignement collégial et universitaire. Je m'intéresserai surtout aux arguments qu'il avance pour justifier son option en sa faveur et aux stratégies nécessaires à son application.

L'apprentissage en collaboration au collège et à l'université

Selon Bruffee, enseigner les sciences, la littérature, l'histoire ou la sociologie aux étudiants du collégial et de l'université, c'est leur fournir les moyens qui leur permettront d'entrer dans une nouvelle «communauté de savoir». Ils doivent apprendre à en maîtriser progressivement la langue et la culture spécifiques. Lorsqu'ils arrivent au collège ou à l'université, ils appartiennent déjà à une grande diversité de communautés de savoir, selon le milieu socioéconomique, le groupe ethnique ou la religion auxquels ils se rattachent et une multitude d'autres appartenances relevant de choix personnels. Lorsqu'on leur proposera de nouveaux problèmes formulés dans le langage particulier d'une discipline donnée, ils auront initialement tendance à les articuler dans celui de leur culture originelle.

Tous les auteurs qui adoptent une conception socio-constructiviste de l'apprentissage soulignent la nécessité de fournir aux étudiants l'occasion de s'appuyer sur leur première lecture pour les aider à progresser vers une lecture des phénomènes étudiés au moyen du langage spécialisé de la discipline enseignée[1]. Bruffee donne une coloration «interculturelle» à ce

---

1. Par exemple, le National Research Council américain, par la voix du Committee on Developpments in the Science of Learning, place en tête de liste de ses «key findings» le point suivant: «Les élèves arrivent en classe avec des préconceptions sur la façon dont le monde fonctionne. Si on ne se préoccupe pas de leur compréhension initiale, ils peuvent échouer à saisir les nouveaux concepts et la nouvelle information qu'on leur enseigne ou ils ne l'apprennent que pour passer un test et revenir à leurs préconceptions une fois sortis de la classe» (Brandsford et al., 2000, p. 14).

processus en utilisant le concept de « réacculturation » pour caractériser ce passage progressif d'une communauté de savoir à une autre. C'est à partir de la langue et de la culture propres à leurs différentes communautés de savoir que les élèves pourront apprendre graduellement le sens des mots et des concepts qui leur permettront de participer à un échange symbolique avec les membres d'une nouvelle communauté de savoir. Tout comme le processus de réacculturation que vit un immigrant qui entre dans une nouvelle culture, la réacculturation à une nouvelle communauté de savoir ne se fait pas sans difficultés. Les étudiants doivent prendre le risque d'abandonner la sécurité de leur communauté originelle d'appartenance et s'initier à une nouvelle langue et à une nouvelle culture où les mots n'ont pas toujours le même sens que dans les sous-cultures auxquelles ils appartiennent[2].

Pour aider les étudiants à réussir ce passage difficile de la sécurité d'une culture dont ils maîtrisent le langage et les symboles à un univers étranger où ils ne comprennent pas le sens des mots, le professeur ne doit pas uniquement se contenter de leur enseigner la langue de la communauté de savoir qu'il représente, il doit aussi leur donner l'occasion de la pratiquer. Et cela ne peut se limiter au dialogue entre l'enseignant et les étudiants. Ces derniers ne réussiront à s'initier à la langue de la nouvelle communauté que si leur professeur leur fournit l'occasion de participer à des « communautés de transition » où ils pourront construire progressivement leur capacité de parler la nouvelle langue.

> Elles organisent les élèves dans des relations sociales comportant une « fusion temporaire des intérêts » qui leur permet d'abandonner leur dépendance par rapport à la langue qui constitue une communauté (leur « ancienne » communauté) et de parler couramment la langue dont ils sont en train de devenir les membres (leur « nouvelle » communauté) (p. 75).

Cette conception « interculturelle » du socioconstructivisme s'inscrit dans la ligne des travaux de Vigotsky (1976) et de Latour sur l'apprentissage du langage. Bruffee (1995, p. 119-120) rap-

---

2. Lorsqu'on commence à parler une nouvelle langue, il est inévitable qu'on fasse des erreurs. Dans une perspective socioconstructiviste, celles-ci ont une place importante dans l'apprentissage. Sur ce point, Astolfi (1997) et Barth (1993) soulignent la nécessité d'attacher la plus grande attention à celles que commettent les élèves lorsqu'on cherche à leur communiquer le sens d'un concept.

porte la description que donne Latour (1987, p. 199-200) de la façon dont les parents enseignent à leurs enfants comment faire la distinction entre un pigeon et un poisson (Bruffee, 1995, p. 119-200). Elle rejoint exactement celle présentée par Brith-Mari Barth :

> Imaginez le jeune enfant en promenade avec sa mère et qui, apercevant un chat, le montre du doigt en disant « chien ». La mère suit son indication et répond « non, c'est un chat ». Elle va peut-être attirer son attention sur des différences physiques entre les chats et les chiens, lui montrer d'autres chats et chiens lors de leurs promenades futures. Elle va dialoguer avec lui, en interprétant ce qu'il essaie de communiquer, et se rendra peut-être compte plus précisément de ce qui attire son attention ; elle essaiera, dans une observation commune des chats et des chiens, de diriger son regard sur ce qui lui paraît important de savoir. Ils vont peut-être observer ensemble comment les chats se lèchent pour se nettoyer, comment ils savent sauter d'un endroit à un autre avec beaucoup de précision, comment ils sortent rapidement leurs griffes... Pour finir, à partir de leur attention conjointe, ils vont aboutir à une entente sur ce que désignent les mots chat et chien, même si ces « définitions » n'ont rien de scientifique. C'est dans leur communauté linguistique que les mots vont prendre sens » (Barth, 1993, p. 43).

Cette description illustre bien la nature sociale de l'apprentissage contrairement à la vision piagétienne où l'enfant apparaît d'abord comme un individu qui réajuste progressivement ses « schémas » pour réduire les déséquilibres cognitifs engendrés par son interaction avec le monde qui l'entoure. Ici, ce n'est pas d'abord avec le monde que l'enfant est en interaction mais avec sa mère, qui représente la culture dont il apprend progressivement à maîtriser la langue et à « construire » des significations communes.

Bruffee donne trois exemples pour illustrer sa conception de l'enseignement collégial et universitaire et pour montrer l'importance d'une communauté de transition dans l'apprentissage d'une nouvelle discipline. Le premier se rapporte à une expérience personnelle de réacculturation à une nouvelle vision de l'enseignement de la littérature anglaise. Dans les premières années de sa carrière, le collège de New York où il avait été engagé venait de modifier sa politique d'admission afin de devenir accessible aux élèves de tous les milieux sociaux. Plusieurs d'entre eux ne possédaient pas les habiletés qu'exige la formation collégiale et universitaire en lecture, en écriture et en mathématique. Enseigner la littérature anglaise dans un tel contexte représentait un défi apparemment insurmontable.

> Je dois admettre que j'étais désespéré. J'avais une pensée mélancolique pour le manuscrit incomplet de la splendide étude de critique littéraire des grands monuments de la fiction moderne et pour mes belles notes de lectures sur Wordsworth et sur les Romantiques anglais qui jaunissaient dans un tiroir... (Bruffee, 1995, p. 15-16).

Pour faire face à ce défi nouveau, Bruffee a formé un groupe de discussion avec des collègues de la région de New York qui étaient aux prises avec les mêmes problèmes. Cela a été pour eux une «communauté de transition» qui leur a permis de redéfinir leur conception d'un professeur de collège et d'université, avec tous les risques que cela comporte.

> La façon de parler de l'éducation collégiale et universitaire que nous commencions à élaborer, mes collègues et moi, n'était pas neuve seulement pour nous, mais elle était entièrement différente de celle de nos collègues. Nous avons constaté de plus en plus qu'ils n'étaient pas capables de comprendre ce que nous disions. En conséquence, nous nous sommes sentis de moins en moins à l'aise avec ceux dont, chez nous et à l'étranger, la compagnie professionnelle, les valeurs et les buts avaient fait l'objet de notre engagement comme étudiants diplômés. Cela apparaissait à la plupart d'entre nous comme une situation passablement risquée et elle nous serait apparue encore plus risquée si nous ne nous étions pas sentis de plus en plus à l'aise ensemble. En bref, nous avons commencé à devenir conscients que le changement dans notre façon de parler de notre enseignement signalait en nous-mêmes un changement culturel sur lequel nous étions profondément ambivalents (p. 17-18).

Cette citation illustre bien les problèmes identitaires que soulève inévitablement la réacculturation à une nouvelle communauté de savoir. Les deux autres exemples soulignent plutôt l'apport de la discussion en équipe à la qualité des apprentissages. La recherche sur la formation des futurs médecins menée à l'Université de Londres à la fin des années 1950 (Abercrombie, 1960) a démontré que les étudiants qui travaillent en collaboration apprennent plus vite et portent de meilleurs jugements diagnostiques que ceux qui apprennent seuls. Cela s'explique en partie parce qu'ils sont ainsi amenés à expliciter ou à discuter de leurs préjugés et de leurs présuppositions. L'autre exemple cité par Bruffee est celui d'un mathématicien du campus de Berkeley de l'Université de Californie qui a cherché à comprendre pourquoi les étudiants d'origine asiatique réussissaient beaucoup mieux en mathématique et en science que ceux d'origine hispanique et afro-américaine. Il a observé leur comportement pendant six mois et il a découvert qu'ils « étaient constamment engagés dans une conversation sur leur travail. Ils se déplaçaient en groupe, mangeaient ensemble, étudiaient ensemble et allaient en classe ensemble » (Bruffee, 1995, p. 25). Par contre, les étudiants latino-américains et afro-américains étaient isolés et discutaient peu de leur travail scolaire. Il a constaté une amélioration remarquable dans leurs résultats lorsqu'il a réussi à les convaincre d'adopter la stratégie des étudiants asiatiques[3].

Ces exemples montrent l'importance de la participation à une communauté de transition où les élèves ont la possibilité d'être acculturés progressivement à une nouvelle communauté de savoir et de maîtriser graduellement le langage d'une discipline en participant à des discussions.

> Dans l'apprentissage en collaboration, les étudiants de collège et d'université apprennent à se former par leurs propres moyens, en créant une nouvelle langue qui emprunte à l'ancienne, en la renouvelant et en la reconstruisant. Les termes de transition qu'ils utilisent émergent de leur conversation entre eux et avec leur professeur pendant qu'ils s'entendent sur la tâche et qu'ils travaillent à la réaliser.
>
> [...]
>
> Pour réussir à transformer les classes en des arènes où les étudiants peuvent parvenir de cette manière à entrer dans de nouvelles communautés de savoir, les professeurs de collège et d'université doivent découvrir des voies d'accès ou des portes d'entrée à ces communautés qui conviennent à la diversité des non-membres dont ils ont la charge. Ils doivent découvrir des façons d'aider ces non-membres à affaiblir leur loyauté à certaines des communautés

---

3. Il est regrettable que Bruffee ne fournisse pas de références sur cette expérience pédagogique.

dont ils font partie[4] — à «divorcer» de ces communautés (Perry, 1963) — pour se remarier à la communauté de savoir que représente le professeur (Bruffee, 1995, p. 78-79).

Bruffee appelle «apprentissage en collaboration» la formule pédagogique qu'il a développée avec ses collègues pour aider les étudiants du collège et de l'université à prendre le risque d'abandonner la sécurité de leur communauté de savoir originelle pour se réacculturer à une nouvelle discipline. Avant d'examiner les grandes lignes de cette formule et de la rapprocher de celle de l'apprentissage en coopération et de l'instruction complexe mise au point par Elizabeth Cohen pour le primaire et le secondaire, il peut être utile de comparer la conception de l'apprentissage sous-jacente à cette approche à la vision traditionnelle de l'enseignement collégial et universitaire.

Bruffee utilise le terme intraduisible «foundational» pour désigner la conception du savoir sous-jacente à la vision traditionnelle qu'il oppose à la conception socioconstructiviste. Selon celle-ci, toujours dominante dans les collèges et les universités, l'autorité des professeurs repose sur leur fonction de curateurs des valeurs et de vérités transcendantes de la création artistique, de la littérature, de la science, de la mathématique et sur les universaux du raisonnement sain. «De ce point de vue, l'autorité des professeurs de collège et d'université repose sur l'idée que la connaissance est une sorte de substance contenue dans un vase appelé l'esprit qui lui donne sa forme. Les professeurs transfèrent le savoir de leur vase débordant à celui des étudiants qui est moins plein» (p. 66). Cette conception statique du savoir se combine à une conception individualiste du processus pédagogique. «Les étudiants parlent au professeur, écrivent au professeur et déterminent individuellement leur sort en relation au professeur» (*ibid.*). L'enseignement traditionnel encourage les relations de compétition entre les étudiants qui sont isolés et anonymes. «Dans l'enseignement traditionnel, la collaboration entre les élèves est hautement suspecte. Sous certaines formes, elle représente le plus grave péché académique, le plagiat» (*ibid.*).

---

4. La position de Bruffee rejoint celle de Charlot (1992, p. 117-119) sur l'obstacle que constitue le rapport identitaire au savoir pour la réussite scolaire des élèves des milieux populaires (voir Ouellet, 1995, p. 141-145).

Bruffee distingue deux formules pédagogiques dominantes dans l'enseignement collégial et universitaire traditionnel : la formule magistrale et la formule de la récitation. Dans la première, le professeur parle et les étudiants écoutent, tandis que dans la seconde les étudiants parlent et le professeur écoute. Ce qu'on retrouve généralement, c'est une combinaison de ces deux stratégies. Le cours magistral n'accorde qu'une place secondaire aux questions des étudiants, même dans le cas où il prend une forme socratique où c'est le professeur qui pose les questions et qui « approuve ou désapprouve les réponses que les étudiants y apportent. [...] La ligne de raisonnement pendant le dialogue est celle du professeur et elle conduit à un point qu'il a décidé d'avance » (p. 67). Lorsque c'est la formule de la récitation qui est adoptée, le fardeau de remplir le temps passé en classe repose sur les épaules des étudiants, mais c'est le professeur qui décide ce dont ils doivent parler et il peut les interrompre pour les corriger ou pour ajouter l'information qu'il juge pertinente.

Bruffee distingue quatre formes de récitation : 1) le tutorat où le professeur rencontre les étudiants un à un ; 2) les séminaires où il rencontre de petits groupes d'étudiants ; 3) les ateliers d'écriture où les élèves sont invités à critiquer mutuellement les textes qu'ils ont produits ; et 4) le travail de groupe où les étudiants participent à un projet sous la direction du professeur. Dans les ateliers d'écriture, les étudiants sont rarement entraînés à s'engager d'une manière efficace dans le processus intellectuellement exigeant, sophistiqué et délicat « de fournir à leurs pairs des commentaires qui pourraient les aider dans leur travail » (p. 68). Ces commentaires seraient trop gentils ou trop sévères selon leur interprétation de ce que « le professeur veut ». Le professeur conserve le privilège de revenir, quand il le juge à propos, à la formule magistrale et c'est une prérogative qu'il exerce volontiers. Dans cette conception traditionnelle de l'enseignement collégial et universitaire, la responsabilité de l'élève est « d'absorber ce que le professeur transmet d'une manière ou d'une autre. La responsabilité du professeur est de transmettre des connaissances aux élèves et d'évaluer ce que les étudiants en retiennent » (p. 69).

Lorsqu'on adopte une vue socioconstructiviste comme celle que Bruffee et ses collègues en sont venus à privilégier, on a une vision très différente de l'enseignement supérieur et de la façon de se préparer à donner un cours. Il ne s'agit plus de se remplir l'esprit de la matière à enseigner pour ensuite remplir celui des étudiants. Dans cette optique, se préparer à enseigner, c'est aussi apprendre la langue d'une communauté de savoir et créer les conditions qui permettront aux étudiants d'être réac-culturés dans cette nouvelle communauté en apprenant la langue qui la constitue. « Ainsi, enseigner les mathématiques, la socio-logie ou la littérature classique, c'est créer des conditions qui permettront aux étudiants de converser de la manière qui se rap-proche le plus possible de celle des mathématiciens, des sociolo-gues et des spécialistes de la littérature classique lorsqu'ils conversent entre eux[5] » (p. 73).

Selon Bruffee, le professeur qui perçoit sa tâche comme étant d'emplir la tête de ses étudiants avec les connaissances qu'il a accumulées dans la sienne se pose généralement trois questions lorsqu'il doit décider de la formule pédagogique qu'il adoptera :

- Qu'est-ce qui se passe dans la tête de mes étudiants ?
- Comment puis-je les rejoindre et changer ce qui se passe dans leur tête ?
- Quelle est la meilleure manière de leur transmettre ce que je sais ? (p. 74)

Mais s'il conçoit sa tâche comme étant de les aider à parler de plus en plus couramment la langue d'une nouvelle commu-nauté de savoir, il sera amené à se poser des questions très diffé-rentes qui portent principalement sur les conditions sociales qui ont le plus de chance d'aider les étudiants à atteindre ce but :

- Quelles sont ces conditions et quelle est la meilleure manière de les créer ?
- Comment la langue des diverses communautés auxquelles appartiennent mes élèves renforce-t-elle ou interfère-t-elle avec celle que je veux leur apprendre ?

---

5. D'après Bruffee, ce qui distingue le chimiste et le juriste des profes-seurs de chimie et de droit, c'est que les premiers s'adressent à des spécialistes de leur discipline qui en maîtrisent déjà la langue propre tandis que les deuxièmes s'adressent à des étudiants qui n'appartien-nent pas encore à ces communautés de savoir.

- Comment puis-je aider les étudiants à renégocier les termes de l'appartenance à la communauté dont ils font déjà partie ?

- Comment puis-je rendre la moins menaçante possible l'adhésion à une communauté inconnue en réduisant le plus possible les risques d'échec ? (*ibid.*)

Dans l'apprentissage en collaboration, le professeur crée délibérément des « communautés de transition » où les étudiants peuvent progressivement traverser les frontières des communautés de savoir auxquelles ils appartiennent. Il leur permet de s'engager dans des discussions en utilisant une langue non standard où se retrouvent des éléments de la langue de la communauté d'origine et des éléments encore non maîtrisés de la communauté de savoir qu'il représente. Pour ce faire, il doit posséder et amener ses étudiants à posséder une habileté très importante dans l'improvisation linguistique : la traduction. « Cette habileté est un préalable professionnel pour les professeurs de collège et d'université, car ces derniers et leurs étudiants appartiennent à des communautés de savoir différentes lorsqu'ils se rencontrent pour la première fois dans une classe » (p. 125).

Bruffee fournit des indications intéressantes sur la façon de mettre en œuvre l'apprentissage en collaboration. La démarche qu'il propose se déroule généralement en trois temps. Dans un premier temps, les élèves sont rassemblés en petits groupes hétérogènes. Ils doivent parvenir à une entente sur un projet que leur fournit le professeur et choisir le membre qui présentera à la classe le consensus auquel en viendront les équipes. Dans un deuxième temps, le professeur anime un débat où l'on cherche à dégager les points de convergence et de divergence des rapports de chacun des groupes et à obtenir un consensus pour l'ensemble de la classe. Dans un troisième temps, cet accord est comparé à celui de la communauté de savoir que représente le professeur. Dans le cas où il y a une convergence, on passe à une autre tâche. Dans celui où il y a une divergence entre le consensus de la classe et celui de la communauté de savoir, le professeur renvoie les groupes discuter de sa raison et chercher une solution.

La première responsabilité du professeur est donc d'assurer la participation optimale des élèves à ce processus de construction d'un consensus de plus en plus large de leurs connaissances sur une question donnée, l'objectif étant qu'ils parviennent à rejoindre le consensus de la communauté de savoir de la discipline que représente le professeur. Dans ce processus, la responsabilité qui exigera le plus d'imagination et de créativité de la part du professeur est celle de la définition des tâches qui amèneront les étudiants à maîtriser progressivement la langue d'une discipline particulière. Bruffee présente quelques indications intéressantes sur les caractéristiques principales d'une tâche bien conçue pour l'apprentissage en collaboration.

• La tâche pose une question ouverte à laquelle on ne peut répondre par un oui ou par un non. Les étudiants doivent dire pourquoi ils choisissent une réponse plutôt qu'une autre en fournissant des arguments qui feront consensus dans le groupe.

• La tâche doit comporter un élément d'ambiguïté dans ses objectifs et la méthode à adopter pour la réaliser. Ce ne sont pas des tâches dont la procédure et les étapes sont programmées à l'avance. Là encore les étudiants doivent discuter pour parvenir à un consensus.

• La tâche peut poser deux types de questions : des questions qui n'ont pas de réponses claires et toutes faites et des questions dont on fournit une réponse qui fait consensus dans la discipline que représente le professeur. La tâche des élèves est alors de s'entendre sur la façon dont la communauté de savoir en question est parvenue à ce consensus.

• La tâche doit être située dans ce que Vigotsky (1978) appelle la « zone proximale de développement ». Selon cette thèse centrale du socioconstructivisme, les étudiants ne seront motivés à s'engager dans une tâche que si elle n'est ni trop facile ni trop difficile pour eux. Bruffee souligne que cette zone est beaucoup plus large pour un groupe de travail ou pour une classe d'étudiants que pour des individus particuliers.

Tout en reconnaissant qu'il n'existe pas de méthode infaillible pour développer des tâches qui possèdent ces caractéristiques, Bruffee croit que les onze principes suivants peuvent être utiles lorsqu'on crée des tâches pour l'apprentissage en collaboration :

1. *Fournir les mêmes instructions générales au début de chaque fiche de travail.*

   Bruffee suggère les instructions suivantes au début de chaque fiche de travail : une fois que les groupes ont été formés, veuillez vous présenter les uns aux autres. Puis choisissez une personne pour enregistrer les points de vue exprimés par le groupe ainsi que les décisions et les désaccords significatifs auxquels il est parvenu en travaillant en collaboration. Le secrétaire parlera au nom du groupe. Pour chaque question, décidez d'une réponse qui représente un consensus des membres.

2. *Demander à un membre de chaque groupe de lire les instructions à haute voix.*

   Ce principe ne s'applique que pour les tâches où il s'agit de discuter un texte écrit.

3. *Garder court le matériel à analyser en groupe.*

   Un bref paragraphe ou même une ou deux phrases suffisent pour une discussion de trente à quarante minutes.

4. *Limiter le nombre de questions auxquelles les étudiants doivent répondre.*

   Dans la plupart des cas, une seule question est suffisante.

5. *Rédiger des questions simples et courtes.*

   Dans la plupart des cas, la discussion amène les élèves à un degré de profondeur et de complexité correspondant à ce qu'ils peuvent traiter et qui dépasse souvent ce que le professeur avait espéré.

6. *Utiliser des termes clairs et concrets dans la rédaction des questions.*

   Sinon, les élèves seront coincés et refuseront la question. Ou, encore, ils passeront leur temps à s'entendre sur le sens des termes et n'en auront pas pour aborder les questions à fond.

7. *Établir une séquence allant du simple au complexe dans la rédaction des questions.*

   À chaque cours, la séquence devrait aller des questions et tâches qui demandent le moins d'implication personnelle et sont moins menaçantes aux questions les plus exigeantes. Il devrait également y avoir une progression de la difficulté des questions au fur et à mesure que le semestre avance.

8. *Poser des questions qui ont plus d'une réponse.*

   Par exemple, « Qu'est-ce qui ne va pas dans la cinquième phrase ? » est moins efficace que « Comment pourriez-vous améliorer la phrase la plus faible dans cet essai ? » Et s'il s'agit d'analyser du matériel tiré d'un manuel, la question devrait aller plus loin que « Qu'est-ce qu'il dit » et demander « Qu'est-ce qu'il postule ? ».

9. *Poser des questions controversées.*

   Certaines questions sont encore l'objet de controverse à l'intérieur des disciplines. Le professeur peut en informer les élèves après qu'ils en auront discuté en petits groupes et en classe.

10. Poser des questions précises sur de courts textes.

Lorsqu'on analyse un texte, on peut demander ce que signifient certains mots et phrases, quelle est leur relation avec d'autres mots et phrases et quelle est la signification du texte dans son ensemble.

11. Demander aux étudiants de corroborer leurs généralisations en citant des cas particuliers.

Par exemple, s'il s'agit d'évaluer l'essai d'un des élèves de la classe, on peut demander au groupe d'en citer trois phrases qui appuient leur opinion (p. 40-43).

Bruffee signale qu'il est difficile de convaincre les étudiants d'abandonner leur dépendance à l'autorité du professeur que l'enseignement traditionnel n'a fait que renforcer depuis leur entrée à l'école. Même lorsque les tâches auront été préparées avec le plus grand soin, il y en aura toujours qui demanderont des précisions additionnelles, croyant que c'est ce que doivent faire les bons élèves. Dans ces cas, la meilleure chose à faire est de les renvoyer à leur groupe pour en discuter. Lorsqu'il arrive que la tâche est ambiguë et qu'il manque des éléments essentiels d'information, le professeur peut s'en excuser et réorienter la demande d'aide de plusieurs manières : demander si un autre étudiant de la classe n'aurait pas trouvé l'information nécessaire ; fournir l'information ; ou, encore, demander aux groupes de discuter de la façon de trouver l'information qui permettrait de terminer la tâche. Dans tous les cas, cette stratégie a l'avantage de permettre aux professeur de savoir ce que les étudiants comprennent vraiment de la matière à l'étude et de mettre un bémol sur leur tendance à vouloir « couvrir la matière » à tout prix (p. 44-45).

En plus de mettre en place des équipes de discussion hétérogènes et de créer des tâches stimulantes, le professeur doit également fournir à l'institution une évaluation de la performance des étudiants. Il exerce alors un rôle de juge et se prononce sur le niveau de maîtrise atteint par chaque étudiant de la langue de la communauté de savoir qu'il représente. Mais il n'exerce ce rôle qu'à la fin du processus d'apprentissage en collaboration qui vient d'être décrit. Cette évaluation se fait généralement à la suite d'une réalisation écrite de chacun des groupes de discussion et de chaque étudiant. Ce faisant, il « aide les étudiants à comprendre la responsabilité qu'ils acceptent lorsqu'ils entrent dans une communauté de savoir » (p. 48).

Toutefois, pendant les deux premières phases de l'apprentissage en collaboration, son rôle n'est pas celui du juge, mais celui de l'arbitre qui s'assure que les règles du jeu sont respectées et que les points de vue divergents sont exprimés et entendus. Dans la première phase, il intervient le moins possible, sauf pour inviter les groupes à résoudre eux-mêmes les conflits qui peuvent surgir au cours de la réalisation d'une tâche. Il est plus actif dans la deuxième phase lorsque les secrétaires de chacun des groupes présentent leur rapport. Il doit alors faire émerger le consensus de la classe sur chacune des questions tout en faisant une place aux points de vue divergents qui peuvent parfois être plus près du consensus de la communauté de savoir qu'il représente que le point de vue majoritaire de la classe. Son rôle change dans la troisième phase. C'est le moment pour lui de dire à la classe si le consensus auquel elle est parvenue correspond à celui de la communauté de savoir qu'il représente. Comme nous l'avons vu, s'il y a une divergence, il renvoie les étudiants à leur groupe et leur demande d'expliquer pourquoi la communauté de savoir qu'il représente est parvenue à un consensus différent du leur. Le rôle du professeur s'apparente alors à celui du juge qui explique ses décisions à la communauté des juristes en s'appuyant sur la jurisprudence (p. 46-47).

L'instruction complexe au primaire et au secondaire

Si je me suis attardé à présenter la forme d'apprentissage en collaboration mise au point par Bruffee et à montrer comment elle transforme le rôle traditionnel du professeur et de l'étudiant de collège et d'université, c'est qu'elle m'apparaît originale à plus d'un titre. La plupart des travaux récents sur le travail de groupe en classe ont été menés dans des écoles primaires et au premier cycle du secondaire. On parle généralement « d'apprentissage en coopération » pour désigner ce courant important de recherche et d'expérimentation pédagogique. Les travaux sur « l'instruction complexe » d'Elizabeth Cohen et de son équipe de l'Université Stanford s'inscrivent dans ce courant en y ajoutant une dimension essentielle : l'atténuation des problèmes de statut qui surgissent dans le travail de groupe. Je voudrais maintenant comparer certains aspects de son approche à celle de Bruffee, mais il me faut d'abord la décrire dans ses grandes lignes. Je reprendrai ici des éléments publiés dans des textes antérieurs (Ouellet, 1991, 2000) où je soulignais la pertinence de cette approche pour aborder les défis du pluralisme ethnoculturel en éducation sans engendrer les nombreux effets pervers des approches centrées trop exclusivement sur les particularismes ethnoculturels. Je m'inspirerai également d'un excellent article où Cohen (2001) présente les principes sous-jacents à son approche[6].

Contrairement à certaines formes d'apprentissage en coopération où l'insistance sur le développement d'habiletés sociales se fait au détriment de la qualité des apprentissages scolaires, dans l'approche de Cohen, le développement des habiletés sociales apparaît comme un moyen de renforcer les apprentissages des matières scolaires et la maîtrise des habiletés conceptuelles de haut niveau[7]. Et ce qui en fait l'originalité principale, c'est qu'elle attache une très grande importance à la réussite scolaire des élèves en difficulté et qu'elle fournit aux enseignants des moyens de les aider. Selon Cohen, deux conditions fondamentales doivent être réalisées pour créer une « classe équitable » : « 1) favoriser l'interaction en rendant les groupes responsables ; 2) changer les attentes de compétence pour créer des interactions égalitaires » (Cohen, 2001, p. 128).

Dans sa conception, l'apprentissage en coopération est une forme très structurée d'organisation de l'apprentissage où le travail se fait en petits groupes hétérogènes

– dont les membres ont été préparés à la coopération par des exercices qui leur permettent d'intérioriser de nouvelles normes de comportement en classe ;

– où l'enseignant délègue l'autorité aux groupes de travail qui assument eux-mêmes la responsabilité du bon fonctionnement des groupes (les membres exercent à tour de rôle ce que Cohen appelle les rôles du « comment ») ;

---

6. On trouvera en annexe la traduction française de cet article.
7. La stratégie que propose Barth (1993) pour amener les élèves à construire un concept semble tout à fait pertinente ici.

- où la réalisation de la tâche est précédée d'une brève séance d'orientation par l'enseignant et suivie d'une séance de retour sur le travail du groupe où l'enseignant peut fournir une rétroaction ;

- où des mesures spéciales sont prises pour équilibrer le statut des élèves et éviter que l'interaction ne soit dominée par ceux de haut statut et que ceux de bas statut ne se retirent de la tâche (rôles, traitement des habiletés multiples, attribution de compétences). Pour réussir la tâche, les élèves doivent faire appel aux ressources diversifiées de tous les membres de l'équipe.

Les trois premiers éléments de cette stratégie d'enseignement se rapportent à la première condition requise pour avoir une classe équitable : favoriser les interactions en rendant les groupes responsables. Elle s'appuie, selon Cohen, sur les approches socioconstructivistes dont les retombées pédagogiques ne sont pas encore suffisamment reconnues.

De nos jours, les éducateurs soulignent la capacité des élèves de construire leur propre savoir dans les interactions avec le groupe. Les théories constructivistes de l'apprentissage soulignent l'importance des échanges verbaux, des débats et du dialogue comme moyen de compréhension des concepts. Les constructivistes sont presque unanimes à recommander le cadre des petits groupes travaillant en coopération comme le plus favorable pour ce type d'apprentissage (Linn et Burbules, 1993 ; Noddings, 1990 ; Tobin et Tippins, 1993 ; von Glaserfeld, 1991 ; Wheatley, 1991).

Toutefois, ces chercheurs et ces spécialistes du développement du curriculum n'ont pas toujours une bonne compréhension des changements qu'il faut apporter dans la classe traditionnelle pour que des échanges constructifs puissent se produire dans les petits groupes. Si les tâches de groupes ne sont pas bien conçues, les curriculum inspirés des théories constructivistes ne produiront pas les interactions et l'interdépendance qu'exigent les apprentissages conceptuels de haut niveau. De plus, l'enseignante ne peut se contenter de laisser les élèves travailler en groupe en adoptant un rôle de laisser faire. Elle doit plutôt déléguer clairement l'autorité aux groupes. Sinon, les résultats peuvent bien être chaotiques et les échanges verbaux des élèves décevants. Les curriculums qui font appel aux habiletés multiples et ceux qui se fondent sur les théories constructivistes de l'apprentissage exigent donc le type de changement organisationnel qui vient d'être décrit (Cohen, 2001, p. 117-118).

Cohen souligne trois difficultés importantes qui doivent être surmontées pour réaliser cette première condition et réussir à créer un climat permettant les échanges verbaux de qualité sur lesquels repose l'efficacité de l'apprentissage en coopération : les normes implicites du fonctionnement de la classe, la difficulté pour les enseignants de déléguer aux élèves l'autorité sur leur apprentissage et les problèmes de statut qui surgissent dans les groupes de travail en coopération.

Pour faire face à la première difficulté, il est nécessaire de bien préparer les élèves lorsqu'on décide d'introduire l'apprentissage en coopération. Cela est d'autant plus important que les élèves arrivent en classe avec des idées bien arrêtées sur leur rôle et sur celui de l'enseignant.

Voici quelques normes de la classe traditionnelle : faites votre travail et ne vous occupez pas de ce que font les autres ; ne donnez ou ne demandez jamais un conseil à un camarade lorsque vous faites un travail en classe ; soyez attentif à ce que dit et fait l'enseignant et à rien d'autre ; regardez vers l'avant de la classe et taisez-vous. Lorsqu'ils enseignent à de jeunes élèves, les enseignants renforcent constamment ces normes par la répétition, les récompenses et les punitions. Quand les élèves arrivent au secondaire, ces normes sont tellement bien intériorisées que les élèves dociles ne sont pas du tout conscients des raisons de leur conduite en classe (Cohen, 1994, p. 40).

On peut facilement comprendre que des élèves qui partagent cette vision de ce qui est attendu d'eux en classe soient un peu déroutés lorsque l'enseignant leur présente une tâche à réaliser en coopération.

Pour donner une tâche de groupe, il faut introduire des changements importants dans les normes traditionnelles de la classe. On demande tout à coup à l'élève de dépendre des autres. Les élèves sont responsables non seulement de leur propre comportement mais aussi du comportement du groupe et du produit de l'effort du groupe. Ils doivent écouter les autres élèves plutôt que l'enseignant. Ils doivent apprendre à demander aux autres leur opinion, à leur donner la chance de parler et de faire des contributions brèves et sensées à l'effort du groupe pour que le travail puisse se faire sans heurt. Ce sont là des exemples des nouvelles normes qu'il est utile d'enseigner avant de commencer à travailler en groupe (*ibid.*).

Cette description saisissante du contraste des normes de la classe traditionnelle et de celle qui adopte l'apprentissage en coopération montre bien qu'il s'agit là d'une innovation pédagogique importante et qu'on ne peut pas s'y engager sans bien préparer les élèves. On comprend que Cohen ait consacré tout un chapitre de son livre à la préparation des élèves au travail de groupe.

La deuxième difficulté est celle que rencontre l'enseignant habitué à la supervision directe de tout ce qui se passe dans sa classe lorsqu'il doit déléguer l'autorité aux groupes de coopération d'une partie importante des apprentissages scolaires. Il s'agit pourtant là d'une condition essentielle à la réalisation d'échanges verbaux de qualité dans les groupes.

Nous avons également montré que lorsque les enseignantes ne réussissent pas à déléguer la responsabilité aux groupes, les élèves parlent et travaillent ensemble moins fréquemment et donc apprennent moins. Parfois, les enseignantes retournent à des modes traditionnels de transmission culturelle pendant que les élèves travaillent en groupe. Cela a l'effet non voulu d'empêcher les élèves de se parler et conduit donc à de moins bons apprentissages que si l'enseignante s'était abstenue d'un tel comportement. Si l'enseignante, qui est une figure d'autorité, prend la responsabilité d'amener les élèves à s'engager dans leur tâche, les élèves ne prendront pas la leur pour résoudre les problèmes reliés à la tâche. Les enseignantes qui utilisent la supervision directe lorsque les élèves travaillent en coopération se trouvent ainsi, sans le vouloir, à saboter l'atteinte de leurs objectifs. En bloquant le processus qui amène les élèves à parler et à travailler ensemble, elles empêchent les élèves de développer une bonne compréhension des concepts et de découvrir les choses par eux-mêmes. Même les enseignantes qui interrompent constamment l'interaction du groupe avec des questions de haut niveau intellectuel courent le risque de nuire à l'interaction entre les élèves (Cohen, 2001, p. 117).

L'une des raisons qui empêchent souvent les enseignants de déléguer l'autorité est qu'ils ont peur de perdre le contrôle de leur classe. Pour surmonter cette difficulté, Cohen propose essentiellement deux moyens : des tâches bien conçues et bien planifiées et un système de gestion efficace. Elle énonce cinq principes d'un tel système de gestion :

Les normes de la coopération doivent être enseignées comme le recommande le chapitre 4 afin que les élèves sachent comment se comporter et qu'ils agissent de manière à amener les autres à adopter ces comportements.

Les élèves doivent savoir de quel groupe ils font partie et où ce groupe est censé se rencontrer. Il faut perdre le moins de temps possible à communiquer cette information de base.

Il faut informer toute la classe de la répartition des rôles et des comportements spécifiques qui sont attendus, comme il a été indiqué au chapitre 6.

Chaque groupe doit avoir des instructions claires sur la tâche à effectuer. Ainsi, les élèves n'auront pas à vous interroger.

Vous devez avoir donné aux élèves une brève orientation sur les objectifs de cette tâche et sur les critères d'évaluation (Cohen, 1994, p. 106).

L'originalité principale de l'approche de Cohen vient de l'importance qu'elle accorde à la troisième difficulté qui se pose à peu près toujours lorsqu'un enseignant décide d'introduire l'apprentissage en coopération dans sa classe. Certains élèves dominent les interactions dans les groupes, tandis que d'autres en sont exclus. Ces problèmes surgissent parce que les élèves ont les uns envers les autres des attentes de compétences qui leur confèrent un statut bas ou élevé dans le groupe. Si rien n'est fait pour égaliser ce statut, une partie importante des élèves sera exclue des échanges verbaux de qualité. Au lieu de créer la classe équitable, l'apprentissage en coopération risque ainsi d'exacerber les conflits latents. Devant cette situation, les enseignants risquent fort de s'empresser de revenir à leur pédagogie traditionnelle.

Selon Cohen, c'est seulement dans le cadre de tâches riches, qui font appel à des habiletés multiples et qui visent des apprentissages conceptuels de haut niveau, qu'il est possible d'appliquer le traitement le plus efficace aux problèmes de statut qui surgissent inévitablement dans les groupes : le traitement des habiletés multiples. Ce traitement est efficace parce qu'il permet d'agir sur les attentes de compétences qui peuvent demeurer inchangées même après une activité réussie de coopération où les élèves collaborent efficacement dans la réalisation de la tâche en respectant les rôles qui leur ont été attribués.

Qu'est-ce qu'une tâche à habiletés multiples? C'est une tâche qui comporte plus d'une réponse ou plus d'une façon de résoudre le problème, qui est intrinsèquement intéressante et gratifiante, qui permet à chaque élève d'apporter une contribution différente, qui utilise plusieurs médias, qui fait appel à la vue, à l'ouïe et au toucher, qui exige une variété d'habiletés et de comportements, qui requiert la lecture et l'écriture et qui constitue un défi.

L'une des plus grandes difficultés que pose l'instruction complexe aux enseignants est de développer des tâches de ce type pour les principaux apprentissages conceptuels que doivent faire leurs élèves. C'est un travail de longue haleine qui se fait normalement en équipe et qui suppose le soutien actif de la direction de l'école et, comme le souligne Cohen, celui d'une équipe de formateurs expérimentés qui fournit un accompagnement en classe dans les premières phases de l'implantation.

Le traitement des habiletés multiples repose, selon Cohen, sur une redéfinition de l'intelligence humaine dans la ligne des travaux de Gardner (1996) sur les intelligences multiples. Plutôt que de s'interroger sur le niveau d'intelligence des élèves, il faut analyser une situation d'apprentissage ou une tâche donnée en fonction des habiletés intellectuelles qu'elle exige. Cela présuppose que les élèves ont été convaincus que la tâche, qu'ils ont à accomplir en coopération, fait appel à plusieurs habiletés intellectuelles. Pour arriver à les convaincre de cette réalité, il faut analyser la tâche en fonction des habiletés qu'elle exige et souligner que dans la vie quotidienne des adultes, il est fréquent d'avoir à s'engager avec d'autres dans des activités complexes qui font appel à ce genre d'habiletés.

Les élèves doivent être entraînés à identifier ces diverses habiletés dans les tâches qu'ils réalisent en coopération. Seules les tâches qui visent des apprentissages conceptuels, ouverts, non routiniers permettent l'identification d'habiletés multiples.

Les élèves doivent aussi être entraînés à identifier les habiletés pertinentes pour la tâche et être capables de les reconnaître lorsqu'elles sont mises en œuvre par les membres de leur groupe de travail[8]. Cet entraînement est centré sur les deux phrases suivantes : *personne ne possède toutes ces habiletés ; chacun de nous en possède quelques-unes.*

Le traitement des habiletés multiples constitue le point d'appui de la seconde stratégie proposée par Cohen pour traiter les problèmes de statut : l'attribution de compétences aux élèves de bas statut. Pour que cette stratégie soit efficace, l'évaluation de l'élève de bas statut doit être faite devant la classe ; elle doit être précise, se référer à des habiletés intellectuelles spécifiques et montrer que les habiletés attribuées à cet élève sont pertinentes pour la tâche du groupe et importantes dans la vie.

Par ailleurs, parce qu'elle est exigeante et stimulante pour les enseignants et les élèves et qu'elle propose des stratégies susceptibles d'aider ces derniers à développer dès les premières années du cours primaire un rapport actif au savoir plutôt qu'un rapport soumis au rituel scolaire, cette approche pédagogique est en mesure d'apporter une contribution très significative au problème du décrochage scolaire (Ouellet, 1995). Elle a ainsi beaucoup plus de chance d'être intégrée au fonctionnement de l'institution scolaire et de contribuer à son renouvellement qu'une approche centrée sur les problèmes particuliers des immigrants ou des élèves appartenant à un groupe culturel donné.

---

8. Cohen intègre ici les stratégies de la métacognition dont l'importance est reconnue par le Comité sur les développements dans la science de l'apprentissage. L'une des trois découvertes clés signalées par ce comité est la suivante : « Une approche « métacognitive » à l'instruction peut aider les élèves à prendre le contrôle de leur propre apprentissage en se définissant des buts d'apprentissage et en contrôlant leur progrès dans l'atteinte des ces buts » (Brandsford *et al.*, 2000, p. 18).

Parenté et complémentarité de l'apprentissage en collaboration et de l'instruction complexe

Cette brève présentation des principes et des stratégies de l'apprentissage en collaboration et de l'instruction complexe révèle une parenté profonde et une certaine complémentarité entre les deux approches. Dans les deux cas, les stratégies proposées s'appuient sur les principes du socioconstructivisme pour rejeter la vision traditionnelle de l'enseignement comme transmission d'un savoir déjà constitué et pour insister sur l'importance des échanges verbaux de qualité entre les élèves et les étudiants pour leur permettre de construire ensemble le savoir en travaillant sur des tâches conçues à cet effet. Les discussions de Bruffee sur l'importance d'une communauté de transition dans la réacculturation à une nouvelle communauté de savoir apportent un éclairage intéressant sur le socioconstructivisme. Il est possible de penser que les problèmes identitaires qui surviennent lorsqu'on demande à des étudiants de collège et d'université d'abandonner la sécurité de leur communauté de savoir d'origine pour adhérer à une nouvelle communauté de savoir se posent aussi aux élèves qui doivent négocier leur chemin entre la culture familiale et la culture scolaire. Les recherches de Charlot (1992) sont une invitation aux éducateurs à orienter leurs réflexions dans ce sens et à en dégager les effets pédagogiques.

De son côté, Bruffee fournit des précisions importantes sur le sens que prend le socioconstructivisme au primaire et au secondaire et celui qu'il a au collège et à l'université. Au primaire et au secondaire, il s'agit plutôt d'une acculturation «des enfants et des adolescents à la culture dominante à laquelle nous adhérons en commun : l'alphabet, les chiffres arabes, attendre son tour, traverser la rue au feu vert, imaginer quelque chose de neuf, additionner et soustraire, la prononciation de l'anglais standard, la syntaxe de l'anglais standard, les fractions, les événements et l'arrière-fond de la révolution américaine, la géométrie euclidienne, le discours de Gettysburg» (Bruffee, 1995, p. 225-226). Lorsqu'ils arrivent au collège, les étudiants ont déjà été acculturés à cette culture commune. Cela entraîne deux autres différences :

> La première est que les élèves doivent encore apprendre les bases de la coopération et l'interdépendance tandis que la plupart des

étudiants du collège et de l'université les possèdent déjà. La seconde est qu'il existe généralement un consensus sur les réponses abordées à l'école et peu de dispute à leur sujet et sur les meilleurs moyens d'y parvenir. Par contre, ces réponses et méthodes sont et doivent être controversées. Pour le dire brièvement dans les termes utilisés dans cet ouvrage, l'éducation primaire et secondaire est et doit être principalement « foundational » ; l'éducation collégiale et universitaire est et doit être principalement « nonfoundational[9] » (Bruffee, 1995, p. 226).

Les trois dernières années du secondaire sont des années charnières où les disciplines scolaires occupent une place de plus en plus grande. Il serait sans doute opportun d'y introduire certains éléments de l'apprentissage en collaboration en laissant progressivement plus de place aux questions controversées. Par ailleurs, les professeurs du secondaire pourront certainement tirer profit des suggestions proposées par Bruffee concernant la création de tâches complexes et sa discussion sur l'évaluation et le rôle d'arbitre et de juge qu'un professeur est appelé à jouer aux différentes étapes de l'apprentissage en collaboration.

Par contre, même si les étudiants qui s'inscrivent à un cours au collège ou à l'université l'ont généralement fait par choix, ce qui diminue un peu l'hétérogénéité de la classe, l'exemple des collèges de New York qu'apporte Bruffee montre bien qu'il est probable que, même à ces niveaux, les problèmes de statut dont parle Cohen risquent fort de surgir. Et ce serait certainement un enrichissement considérable de l'apprentissage en collaboration s'il intégrait et adaptait au contexte collégial et universitaire les mesures d'égalisation des statuts développées par Cohen.

Enfin, même si Bruffee soutient qu'au collège et à l'université les étudiants ont déjà acquis les compétences nécessaires pour travailler en collaboration, il n'est pas évident que le passage de l'enseignement traditionnel à l'apprentissage en collaboration se fasse si facilement pour plusieurs d'entre eux. Bruffee

---

9. On voit apparaître ici la vision « pragmatique » de Rorty que Bruffee adopte sans réserve dans son ouvrage. Il donne ainsi un biais postmoderne au socioconstructivisme, soulevant de la sorte le problème difficile du relativisme cognitif. J'en ai discuté ailleurs (Ouellet, 2000, p. 71-120) et je crois qu'il n'est pas nécessaire de suivre Bruffee sur ce point pour reconnaître la pertinence de son plaidoyer pour l'apprentissage en collaboration. Son adhésion non critique au pragmatisme postmoderne risque selon moi de limiter l'impact de son ouvrage.

souligne lui-même comment il est difficile de convaincre les étudiants de critiquer mutuellement leurs travaux. Là encore, la mise en place d'activités de préparation à la collaboration comme celles que propose Cohen, mais adaptées à ces étudiants, ne serait sans doute pas un luxe.

Pourquoi l'instruction complexe a-t-elle un impact marginal dans les écoles ?

L'instruction complexe a connu un rayonnement significatif dans plusieurs pays européens et au Québec (Évangéliste, Sabourin et Sinagra, 1995, 1996), mais de l'aveu d'un de ses ardents promoteurs européens (Batelaan, 1998, p. S33), les initiatives dans le domaine ont une portée limitée, cette forme d'apprentissage en coopération n'est pas encore intégrée à l'ensemble du programme scolaire et son implantation ne fait l'objet que de projets ponctuels. L'une des raisons de cette situation est sans doute, comme le souligne Cohen, qu'il s'agit d'une technologie pédagogique complexe qui ne fonctionne que si elle est implantée sous de bonnes conditions dont deux paraissent fondamentales : une formation permettant d'acquérir une bonne compréhension des principes sous-jacents à cette approche et un suivi en classe par des formateurs expérimentés, car « sans une formation et un suivi, les enseignants ne seront pas capables de favoriser l'interaction, de déléguer l'autorité et d'appliquer les traitements du statut » (Cohen, 2001, p. 127).

Cependant, la mise en place de ces conditions exigerait des investissements significatifs. Dans tous les débats récents au Québec, aux États-Unis et en Europe sur la réforme de l'éducation, on ne voit pas encore se dessiner un mouvement en ce sens. L'option en faveur d'une approche socioconstructiviste et la volonté de rendre les élèves plus actifs dans leurs apprentissages, qu'on retrouve partout dans la réforme du programme scolaire, ne s'accompagnent pas de ce qui semblerait être un corollaire naturel, la formation et le perfectionnement des maîtres pour l'apprentissage en coopération et en collaboration. Par exemple, dans son bilan des recherches récentes sur l'apprentissage, le National Science Council affirme que la recherche n'a pas démontré que l'apprentissage en coopération était une technique d'enseignement plus efficace que d'autres (Brandsford *et al.*, 2000, p. 22) et les travaux de Cohen ne sont même pas mentionnés dans la bibliographie. On ne trouve pas non plus de référence aux travaux de Cohen dans un document récent du ministère de l'Éducation du Québec qui définit douze compétences constituant le «référentiel de compétences de la profession enseignante[10]». L'obstacle principal au développement de stratégies pédagogiques qui permettent aux élèves de participer activement à la construction du savoir et à l'échange symbolique dans la société particulière où ils sont nés ainsi qu'à ceux des différentes disciplines d'entrer dans une nouvelle communauté de savoir paraît donc être plus qu'une simple question de coût. Il ne semble pas exister de consensus dans la communauté des éducateurs et des chercheurs en éducation sur le lien intrinsèque que les discussions précédentes ont dégagé entre travail de groupe en classe et conception socioconstructiviste de l'apprentissage.

L'une des raisons de cette situation m'apparaît liée à ce que Jerome Bruner (1996, p. 15-28) appelle la dérive «computationnelle» de la révolution cognitiviste. Cet auteur est sans doute celui qui a été le plus influent promoteur de la vision de l'apprentissage comme introduction à une culture à travers l'interaction avec des membres plus expérimentés de cette même culture. Même si Bruffee semble penser le contraire, il me paraît y avoir une parenté profonde entre sa vision culturaliste de l'apprentissage et celle qui est sous-jacente à l'apprentissage en collaboration. Cet accord profond est exprimé clairement dans la citation suivante.

> Pourquoi ne pas engager une discussion de groupe visant à *créer* le savoir plutôt que de chercher à trouver qui sait quoi? Il y a encore un pas à franchir, qui représente un des aspects les plus profonds du savoir humain. Si personne dans le groupe ne «connaît» la réponse, où aller pour la «trouver»? C'est le saut dans la culture, conçue comme un entrepôt, comme une cabane à outils. Il y a des choses qui sont connues de chacun (plus qu'il ne le croit); il y en a encore davantage dans le groupe ou qui peu-

---

10. Cet «oubli» est d'autant plus surprenant que plusieurs des compétences définies dans ce référentiel recoupent celles que suppose la mise en œuvre de l'approche de Cohen et que son livre est disponible en français depuis 1994.

vent être découvertes par la discussion au sein du groupe; et il y en a d'autres, innombrables, entreposées ailleurs dans la «culture», par exemple dans la tête des gens qui détiennent un grand savoir, dans les annuaires, dans les livres, dans les cartes, etc. (Bruner, 1996, p. 72).

Ce qui est au cœur de cette vision culturaliste de l'apprentissage, c'est «la manière dont les être humains, au sein de communautés culturelles, créent et transforment les significations» (p. 18). Bruner accorde une place centrale au récit et à son interprétation dans ce processus. Mais ce processus, central dans sa vision du socioconstructivisme, lui apparaît maintenant marginalisé par une conception computationaliste de l'apprentissage qui met l'accent sur le traitement de l'information plutôt que sur la construction et l'interprétation des significations. Cette dérive computationnelle oriente l'apprentissage dans des directions très différentes de celles que propose le socioconstructivisme tel qu'il le conçoit.

La difficulté que rencontrent ces computationalistes est inhérente au type même de «règles» ou d'opérations possibles par computation. Nous le savons, toutes doivent être spécifiables à l'avance; elles doivent être cohérentes d'un point de vue computationnel, ce qui implique que si les opérations aboutissent à modifier les résultats préalablement obtenus, du fait du *feedback* par exemple, ces modifications doivent, elles aussi, répondre à une systématicité cohérente et prévisible (p. 20).

On peut déceler des traces de cette dérive computationaliste chez plusieurs auteurs du courant cognitiviste qui décrivent l'apprentissage avec, comme modèle, l'ordinateur qui organise et hiérarchise l'information de manière à en favoriser la mémorisation et le transfert. Bruner ne croit pas qu'il faille rejeter ces développements du revers de la main en faveur de la vision culturaliste qu'il privilégie. Sa position sur ce point est plus nuancée que celle de Bruffee qui oppose l'apprentissage en collaboration à la vision traditionnelle de l'enseignement conçu comme transmission du savoir par ceux qui savent à ceux qui ne savent pas.

Bruner distingue quatre modèles dominants de l'esprit et quatre modèles de pédagogie qui y correspondent.

– Le modèle de l'apprentissage par imitation

Selon ce modèle, «l'expert cherche à transmettre une compétence qu'il a acquise par la pratique répétée à un novice qui, à son tour, devra répéter l'acte ainsi démontré pour le réussir» (p. 73). Ainsi, la compétence vient uniquement de la pratique et le savoir «n'est lié ni à la théorie, ni à la négociation ou à la discussion» (p. 74).

– Le modèle didactique

Ce modèle se fonde «sur la conviction que les élèves doivent faire face aux faits, aux principes et aux règles de l'action, qui doivent être apprises, mémorisées puis appliquées» (p. 75). Ce qui doit être enseigné aux élèves qui l'ignorent se trouve «dans» l'esprit de l'enseignant et dans les livres, les productions artistiques et la mémoire des ordinateurs. Le savoir est «un corpus explicite, une représentation de ce-qui-est-connu» (*ibid.*). Cette conception «présuppose que l'esprit de celui qui apprend est une table rase, une ardoise vierge, [...] que l'esprit de l'enfant n'est qu'un réceptacle attendant d'être rempli[11]» (p. 76).

– Le modèle «coopératif»

La citation suivante fournit un excellent résumé des éléments essentiels de ce modèle dont les liens avec la conception culturaliste de l'apprentissage que défend Bruner sont évidents.

> L'enfant, tout autant que l'adulte, est considéré comme détenant des «théories» plus ou moins cohérentes, non seulement en ce qui concerne le monde, mais aussi son propre esprit et la manière dont il fonctionne. Ces théories naïves sont mises en conformité avec celles de ses parents et de ses enseignants, non pas au travers de l'imitation, pas plus qu'au travers d'instructions didactiques, mais par le discours, la collaboration et la négociation. Le savoir, c'est ce qui est partagé à l'intérieur du discours, au sein d'une communauté «textuelle». Les vérités naissent de la preuve, de l'argument et de la construction plutôt que de l'autorité, qu'elle soit textuelle ou pédagogique. Ce modèle d'éducation est de type mutuel et dialectique; il s'intéresse davantage à l'inter-

---

11. L'enseignement stratégique qui s'appuie sur la psychologie cognitive (Tardif, 1992) m'apparaît constituer un cinquième modèle qu'il serait pertinent d'ajouter à ceux que distingue Bruner.

prétation et à la compréhension qu'à la réussite d'un savoir factuel ou d'une réalisation mettant en jeu une compétence (p. 77).

– *Le modèle du savoir culturel canonique*

Ce modèle cherche à éviter ce qui est perçu comme un danger de la conception socioconstructiviste de l'apprentissage : « surévaluer l'importance de l'échange social dans la construction du savoir et sous-estimer l'importance du savoir accumulé dans le passé ». Selon ce modèle, l'enseignement devrait aider les enfants à « saisir la différence entre, d'une part, ce qui est savoir personnel et, d'autre part, "ce que l'on doit savoir" selon la culture ».

Bruner refuse de prendre partie pour l'un ou l'autre de ces modèles. Même si, comme je l'ai souligné plus haut, le modèle coopératif semble le plus proche de la conception culturaliste de l'apprentissage qu'il cherche à défendre contre les dérives computationnelles, la position équilibrée qu'il énonce dans la citation qui suit m'apparaît relever d'une certaine sagesse.

À terme, ces quatre perspectives pédagogiques ont tout intérêt à être considérées comme faisant partie d'un ensemble plus vaste, et leur portée doit être comprise à la lumière de leur partialité. Personne ne peut censément prétendre qu'il est indifférent que compétences et aptitudes soient correctement développées. Personne non plus ne peut affirmer que l'accumulation d'un savoir factuel est sans intérêt. Aucun critique censé ne peut affirmer que les enfants ne doivent pas devenir conscients que le savoir dépend de la perspective adoptée, et que nous partageons et négocions nos points de vue au cours même du processus de recherche du savoir. Et il faudrait être un fanatique pour nier que nous nous enrichissons en reconnaissant le lien qui existe entre le savoir fiable hérité du passé et ce que nous apprenons aujourd'hui. Ce qu'il faut, c'est que ces quatre perspectives fusionnent en un ensemble cohérent et soient reconnues comme des composantes d'un même ensemble (p. 86).

Cette vision équilibrée des différents modèles d'apprentissage m'apparaît ouvrir un espace suffisant pour que l'apprentissage en coopération et en collaboration occupe une place plus importante qu'actuellement dans la recherche en éducation et dans les projets de réforme de l'éducation. Mais encore faut-il fournir aux enseignants un support suffisant pour qu'ils soient en mesure d'implanter dans leurs classes les stratégies pédagogiques qu'exige la mise en œuvre du modèle coopératif. C'est un point auquel les décideurs en éducation n'accordent généralement pas suffisamment d'attention. Par exemple, la réforme en cours dans les écoles primaires du Québec s'inscrit dans une vision socioconstructiviste et met l'accent sur la pédagogie par projets et la participation active des élèves dans leurs apprentissages. Cette réforme accorde une priorité très haute à la réussite scolaire de tous. Toutefois, on porte très peu d'attention aux moyens essentiels qui permettraient d'avoir de meilleures chances d'atteindre ces objectifs ambitieux : la formation et le perfectionnement des enseignants à l'apprentissage en coopération et aux stratégies de l'instruction complexe. Il n'est pas inutile de tenter de préciser quelles sont les compétences principales que de tels programmes de formation et de perfectionnement devraient tenter de développer.

Les compétences à développer pour l'instruction complexe

Avant d'aborder la question des compétences pour l'instruction complexe, quelques remarques s'imposent sur « l'approche par compétences » qui est généralement adoptée dans les projets de réforme de l'éducation. Dans son sens habituel, une compétence est un ensemble de connaissances, d'habiletés, de dispositions et d'attitudes qui peuvent être mobilisées rapidement pour résoudre un problème dans un secteur donné d'activité professionnelle. Ainsi, on peut parler de compétences médicales, psychologiques, juridiques, pédagogiques, etc. Pour chaque secteur d'activité professionnelle, il est possible d'identifier un nombre limité de compétences qu'on peut chercher à développer chez les aspirants à cette profession par une « approche par compétence[12] ». Comme le souligne Perrenoud (1998), l'utilisa-

---

12. Cette définition recoupe assez bien celle de Jonnaert et Vander Borght (1999) pour qui « la compétence réside essentiellement dans la capacité du sujet à mobiliser les ressources pertinentes (cognitives, affectives et contextuelles) pour traiter avec succès une situation » (p. 49). Pour une bonne description du concept de compétence professionnelle, voir également Martinet et al., 2001, p. 49-53.

tion de ce terme devient plus problématique lorsqu'on l'emploie pour définir les apprentissages essentiels dans tous les programmes scolaires. Les objectifs de la réforme de l'éducation, amorcée en septembre 2000 dans les école primaires du Québec, étaient présentés en quelques pages. Une fois passé à la moulinette technobureaucratique des experts du ministère de l'Éducation, le programme des deux premières années du primaire est devenu un document indigeste de près de 800 pages qui précise, pour chaque programme et pour les «compétences transversales» contenues dans le «programme des programmes», le détail des compétences à acquérir, le contexte de réalisation, les critères d'évaluation, les composantes de chaque compétence et la manifestation de ces compétences. À la lecture de ce document, on se sent un peu comme le mille-pattes de la chanson suivante :

> Le mille-pattes allait insouciant
> Quand le crapaud, en plaisantant
> Lui dit : «Très cher, quand vous marchez,
> Ce doit être bien compliqué
> De savoir quelle patte avancer ?»
> Le mille-pattes en fut si troublé
> Qu'il se retrouva au fossé
> Son millier de pattes emmêlé... (Fuggazi, 1995, p. 341)

Lorsque les enseignants lisent le programme du primaire et certains ouvrages sur les compétences comme celui de Lasnier (2000), ils risquent de se sentir dépassés par l'étendue de leur tâche et dépossédés de leur expertise de pédagogues.

Je ne voudrais pas contribuer davantage à cette dépossession en développant un catalogue minutieux de toutes les compétences qu'il faut maîtriser pour utiliser efficacement les stratégies de l'instruction complexe. La présentation de cette approche permet d'identifier facilement les principaux types de compétences pertinentes :

– les compétences liées à la compréhension des principes du socioconstructivisme et de leurs effets pédagogiques, en particulier la délégation d'autorité qui rend possible les interactions entre les élèves et les échanges verbaux de qualité ;

- les compétences liées à la gestion de la classe selon les stratégies de l'apprentissage coopératif ;
- les compétences liées à la création de tâches complexes faisant appel à des habiletés multiples ;
- les compétences liées à la mise en œuvre des stratégies de l'égalisation des statuts ;
- les compétences liées à l'évaluation du fonctionnement des groupes de travail et des productions collectives et individuelles des étudiants.

Il n'est pas nécessaire d'entrer dans une description détaillée de chacune de ces compétences pour comprendre qu'il est difficile de bien les maîtriser toutes sans une formation spécifique. Comme nous l'avons vu, cette formation ne peut se limiter à une bonne compréhension des principes sous-jacents à cette approche. Les enseignants doivent avoir l'occasion de pratiquer sous la supervision de formateurs expérimentés qui les aideront à faire les ajustements complexes qu'exige la mise en œuvre simultanée de ces diverses compétences. Les recherches de Cohen ont montré que sans cet accompagnement en classe, la majorité des enseignants ne prendront pas les risques que comporte le passage de la supervision directe à la délégation d'autorité et les principes du socioculturalisme ne réussiront pas à s'incarner dans la réalité de la classe. Ou, encore, l'apprentissage en coopération se limitera à développer des habiletés sociales et n'auront qu'un impact marginal sur la qualité des apprentissages et la réussite de tous les élèves.

Il faut souhaiter que les responsables du système d'éducation québécois profiteront de la réforme qui vient de s'amorcer pour engager les enseignants qui veulent renouveler leur pédagogie dans un programme de formation qui leur permettra de maîtriser ces cinq types de compétences et d'apprendre à les utiliser sous la supervision de formateurs expérimentés qui ont déjà eu l'occasion de les pratiquer en classe. On pourra alors espérer d'une manière réaliste que la réussite de tous ne soit pas une incantation, mais le résultat d'un travail rigoureux, fondé sur des principes théoriques reflétant l'état actuel de nos connaissances sur l'apprentissage et sur des stratégies pédagogiques cohérentes avec ces principes. Lorsqu'on l'examine à la lumière des travaux pédagogiques de Bruner, l'instruction complexe apparaît comme un moyen particulièrement efficace d'atteindre les objectifs fondamentaux de la réforme de l'éducation. De plus, parce qu'elle met l'accent sur la dynamique des statuts au sein des groupes de travail et sur les apprentissages de haut niveau en même temps que sur les habiletés sociales permettant d'établir des interactions égalitaires avec des élèves appartenant à diverses classes sociales et à divers groupes culturels avec qui ils apprennent à réaliser des tâches riches et exigeantes que même les élèves les plus forts ne peuvent pas maîtriser complètement, l'approche de Cohen apparaît comme une voie particulièrement prometteuse pour faire face aux défis de la pluriethnicité en éducation. Elle permet de ne pas isoler l'hétérogénéité culturelle des autres formes d'hétérogénéité (classes sociales, maîtrise des apprentissages scolaires, popularité parmi les pairs) et «d'insérer la question interculturelle dans une perspective éducative d'ensemble» (Conseil supérieur de l'éducation, 1993, p. 90). Elle est ainsi une voie privilégiée d'éducation à la citoyenneté dans le contexte où la diversité culturelle et religieuse est une composante essentielle de la plupart des sociétés démocratiques contemporaines.

Deux défis éthiques de l'éducation à la citoyenneté en contexte pluraliste

LA question de la diversité culturelle en éducation s'est d'abord posée comme une question qui concernait avant tout les écoles pluriethniques chargées de faciliter l'intégration des enfants d'immigrants à la société d'accueil. C'est autour de la notion d'éducation interculturelle (multiculturelle dans les pays anglophones) que se sont regroupées les principales initiatives visant à faciliter cette intégration sans forcer les élèves à abandonner leur culture d'origine. Toutefois, on s'est vite rendu compte que la diversité culturelle et religieuse soulevait des interrogations beaucoup plus larges touchant l'identité même des sociétés démocratiques. L'éducation interculturelle en est venue à désigner l'ensemble des initiatives et des aménagements éducatifs cherchant à préparer tous les élèves à vivre dans une société marquée par le pluralisme idéologique, culturel et religieux. C'est cette vision englobante de l'éducation interculturelle qui a été retenue par le ministère de l'Éducation du Québec dans sa politique d'éducation interculturelle (*Une école d'avenir. Politique d'intégration scolaire et d'éducation interculturelle*, MEQ, Québec, 1998). L'orientation, au cours des dernières années, a été de tenter d'inscrire l'éducation interculturelle dans le cadre plus général de l'éducation à la citoyenneté. Pour le Conseil supérieur de l'éducation (*Éduquer à la citoyenneté*, MEQ,

Québec, 1998), cela signifie éduquer à la démocratie, au pluralisme et à l'engagement collectif (p. 36). L'éducation interculturelle apparaît donc maintenant de plus en plus comme une composante importante de l'éducation à la citoyenneté.

Devant le foisonnement d'initiatives se rattachant aux courants de l'éducation interculturelle et à la citoyenneté et, très souvent, la faiblesse de l'articulation théorique des postulats sous-jacents à ces diverses initiatives, il est difficile de se faire une idée claire de la nature des défis que soulève le pluralisme ethnoculturel et religieux en éducation et de la pertinence des moyens mis en œuvre pour les relever. Comme je l'indiquais au premier chapitre, une initiative éducative s'inscrit dans le champ de l'éducation interculturelle lorsqu'elle poursuit *concurremment* trois préoccupations[1] :

- l'ouverture à la diversité culturelle et religieuse ;
- l'égalité des chances et l'équité ;
- la cohésion sociale.

Il existe des divergences d'opinion très profondes entre les citoyens sur l'importance relative qu'il faut accorder à chacune de ces préoccupations. J'ai signalé ailleurs les nombreux «effets pervers[2]» d'une poursuite trop exclusive de la première préoccupation. De plus, une poursuite trop exclusive de la préoccupation d'ouverture à la diversité serait certainement de nature à soulever des résistances chez ceux pour qui l'une ou l'autre des préoccupations mentionnées plus haut est fondamentale. Les promoteurs de l'ouverture du système d'éducation au pluralisme ethnoculturel et religieux doivent donc satisfaire aux préoccupations légitimes des partisans de la cohésion sociale et à celles des partisans de l'égalité (Kautz, 1995).

La mise en place de mesures susceptibles de concilier ces trois préoccupations en éducation ne va pas du tout de soi, car elle soulève de nombreuses interrogations philosophiques et

---

1. En plus de ces trois préoccupations/valeurs qu'elle partage avec l'éducation interculturelle/multiculturelle, l'éducation à la citoyenneté doit en intégrer deux autres : la participation critique à la vie et à la délibération démocratique et le respect de la vie sur la planète. Je me limiterai ici à une discussion des trois premières.
2. Pour une analyse de ces effets pervers, voir Ouellet, 1992, 2000b.

éthiques sur lesquelles il est souvent difficile de s'entendre. Je voudrais examiner ici deux types de problèmes du genre qui sont au cœur des débats actuels sur l'éducation à la citoyenneté :

- la question de la cohésion sociale et des fondements de la légitimité des normes et des valeurs communes dans une société pluraliste ;
- la question de l'égalité et de l'équité en éducation et les défis qu'elle présente pour l'éducation à la citoyenneté.

Le mouvement interculturel/multiculturel a contribué à donner une visibilité plus grande et une légitimité à la diversité ethnoculturelle et religieuse et aux autres formes de diversité qui traversent la société, en particulier celle fondée sur la classe sociale, le genre et l'orientation sexuelle. Pendant la dernière décennie, ce courant a suscité l'apparition d'une production luxuriante d'ouvrages de philosophie politique dont la préoccupation centrale est de définir une base de cohésion sociale dans une société où il n'est plus possible de parvenir à un consensus sur les normes et les valeurs fondamentales et où le conflit moral est devenu une situation normale. Sur quelle base est-il possible de résoudre démocratiquement les désaccords moraux profonds qui traversent nos sociétés sans tomber dans ce que Charles Taylor appelle le « relativisme mou » qui réduit les valeurs morales à des questions de goût ou de préférence individuelle ? N'avons-nous pas d'autre choix que la forme postmoderne d'« ironie » défendue par Richard Rorty pour qui il est inutile et dangereux de chercher à fonder les valeurs morales communes ailleurs que dans le consensus d'une communauté politique particulière (Ouellet, 2000) ? Je tenterai ici d'apporter quelques éléments de réponse à cette question en m'appuyant sur les suggestions de Galichet[3] et sur l'ouvrage d'Amy Gutmann et de

---

3. Il n'est pas possible de montrer dans le cadre de cet article ce qui fait l'originalité de l'approche de Galichet par rapport aux nombreux ouvrages récents sur l'éducation à la citoyenneté. Si je lui ai accordé une place si importante dans la discussion qui suit, c'est parce qu'il introduit une perspective historique dans le débat contemporain sur l'éducation à la citoyenneté et qu'il apporte un éclairage original sur deux problèmes centraux dans tout programme d'éducation à la citoyenneté en contexte pluraliste : la crise de la légitimité des valeurs et le scandale des inégalités.

Dennis Thompson, *Democracy and Disagreement* (1996). Par ailleurs, la question de l'égalité et de l'équité est un autre enjeu majeur de l'éducation à la citoyenneté qui soulève des problèmes éthiques importants. J'examinerai ici les propositions de Galichet sur les moyens à prendre pour faire face à ce qu'il appelle le «scandale des inégalités». En conclusion à cette section, je ferai quelques remarques sur l'approche originale développée par Elizabeth Cohen pour s'attaquer efficacement à ce scandale et sur la pertinence de cette approche dans le contexte de la réforme de l'éducation présentement en cours dans les écoles du Québec. Mais avant d'amorcer cette discussion, il peut être utile d'examiner les principales conceptions de l'éducation à la citoyenneté qui circulent dans le champ de l'éducation. Nous verrons que la problématique des conflits de valeurs et de l'équité se pose très différemment selon qu'on adopte l'une ou l'autre de ces conceptions.

Vers un modèle réaliste et pédagogique d'éducation à la citoyenneté

Dans un ouvrage qui présente une analyse très éclairante de l'évolution de la notion d'éducation à la citoyenneté en France, Galichet (1998) distingue trois modèles : le *mimétique*, l'*analogique* et le *réaliste*. Voici comment il résume la vision de l'éducation à la citoyenneté que proposent ceux qui se rattachent au premier modèle :

> Le modèle *mimétique*, on l'a vu, repose sur l'idée que le savoir rationnel, exposé et transmis par l'enseignant, provoque chez l'élève une adhésion, la formation d'habitudes intellectuelles (esprit de rigueur, de cohérence, de vérification ; curiosité, etc.) et morales (esprit critique, volonté d'indépendance) qui sont transmises par une sorte d'osmose à la fois intellectuelle (désir d'imitation du maître, pour s'affranchir de sa tutelle) et affective (enthousiasme pour le bien, les lumières, le progrès de soi-même et de l'humanité). L'éducation, dans cette perspective, demeure une *transmission*, même si celle-ci n'est pas seulement une transmission de connaissances, mais aussi d'habiletés et de valeurs (p. 139).

C'est Condorcet qui a développé l'articulation théorique la plus cohérente de ce modèle où l'éducation civique apparaît comme un savoir qu'il s'agit de redécouvrir à la suite du maître. Mais pour lui, cet apprentissage exclut toute imposition de valeurs ou de modèles extérieurs. «Nous l'avons plusieurs fois souligné, ce n'est pas le maître qui instruit, c'est l'élève qui, en tant que sujet raisonnable, s'instruit lui-même avec l'aide du maître lui proposant un cheminement et construisant des dispositifs susceptibles de faciliter ses apprentissages» (p. 33). Galichet note toutefois une différence importante d'accent dans le discours pédagogique dominant sous la IIIe République par rapport aux thèses de Condorcet. Alors que celui-ci concevait le statut de l'enseignant d'une façon purement technicienne et «professionnalisante» et qu'il excluait la sphère du politique du champ des vérités évidentes, ces deux verrous sautent dans le *Livre des Instituteurs* (Code Soleil), un document qui explicitait ce que le jeune maître devait savoir de sa fonction :

> L'enseignant, de technicien de la pédagogie, devient un «maître» agissant par son rayonnement bien plus que par ses compétences : la citoyenneté n'est plus conçue à partir des concepts d'autonomie (intellectuelle) et d'indépendance (matérielle), mais à partir de la participation à une source originelle de toute valeur et de toute obligation : la Patrie (p. 50).

C'est dans les écrits d'auteurs comme Dewey, Piaget et Freinet que Galichet dégage les éléments du deuxième modèle, l'*analogique*, où la question centrale est celle du passage de la démocratie scolaire à la démocratie tout court. On trouve ici une conception de l'éducation à la citoyenneté très différente de celle du modèle mimétique.

> On le voit, tout le débat ici va tourner autour de la question de l'*analogie* — analogie entre l'école et la société, le groupe-classe et la communauté des citoyens, l'institution scolaire et les institutions sociales. La question ne sera plus, comme dans la démarche précédente, de trouver un modèle de référence (les Lumières, la Raison, la Patrie, la République) que les élèves ont à intérioriser, à s'approprier grâce à l'aide, voire l'exemple de l'enseignant; la question est bien plutôt de constituer, d'organiser un milieu éducatif qui reproduise, mais en miniature, le plus fidèlement pos-

sible, le milieu économique, social et politique dans lequel les enfants auront à vivre demain ; ou plutôt (et cette nuance est capitale), le milieu dans lequel on souhaite qu'ils vivent, et qu'ils auront eux-mêmes à édifier (p. 54).

Dans le modèle mimétique, l'école ne fait que refléter et reproduire les valeurs de la République, tandis que dans le modèle analogique elle apparaît comme un agent dans la construction d'une démocratie idéale. Ces modèles ont deux traits en commun : l'éducation civique y est nettement dissociée de l'exercice effectif de la citoyenneté, et l'éducation à la citoyenneté est envisagée essentiellement comme une éducation individuelle. Concernant le premier trait, il est vrai que dans le modèle analogique l'enfant n'est plus uniquement considéré seulement « comme un être mineur, susceptible seulement de *recevoir* (des savoirs, des influences) ou d'*acquérir* (des aptitudes, des savoir-faire) », il est « explicitement invité à pratiquer la démocratie en acte et non pas simplement en théorie ». Mais « il s'agit toujours d'une quasi-citoyenneté, d'une démocratie en miniature et non en vraie grandeur » (p. 82).

Pour ce qui est du second trait, le caractère individualiste de l'éducation à la citoyenneté, Galichet souligne que, dans les deux modèles, « il s'agit de former un homme libre et responsable, capable de participer au débat démocratique à partir de son propre jugement » (p. 83). Même si, dans le modèle analogique, l'accent est mis sur les capacités de socialisation et de coopération, il « ne s'agit là que d'un élargissement de compétences qui restent toujours individuelles. Seul l'individu est et peut être citoyen ; tout collectif quel qu'il soit ne saurait donc être défini que comme un ensemble, une association à la fois contractuelle et conflictuelle de citoyens » (p. 83-84). Cette orientation individualiste a des conséquences majeures sur la capacité de reconnaître des appartenances sociales et culturelles.

C'est pourquoi, dans le modèle analogique comme dans le modèle mimétique, l'appartenance sociale ou culturelle ne saurait être, en tant que telle, prise en compte par l'éducation civique. Le faire, ce serait s'abandonner à une conception « communautariste » de la nation aux antipodes de la citoyenneté républicaine, laquelle repose sur la distinction entre l'individu « empirique », avec toutes ses déterminations psychosociologiques, et le citoyen, sujet de droit, individu « abstrait », par définition identique et égal à tout autre, puisque participant à la même rationalité et à la même conception du bien public et de l'intérêt général (p. 84).

Le modèle *réaliste* remet en question ces deux postulats des modèles *mimétique* et *analogique* :

La confrontation avec la réalité « en personne » va en effet contraindre l'individu-élève à sortir de la neutralité et de l'universalité qui caractérisent le milieu scolaire ; elle va, en le plongeant dans le monde des différences *réelles*, l'obliger à prendre conscience de lui-même comme différence, singularité opposée à d'autres (*ibid.*).

Galichet présente les grandes lignes de la thèse de Gérard Mendel (1972), qu'il considère comme une version radicale de ce modèle, avant d'examiner deux perspectives plus modérées : la Convention sur les droits de l'enfant adoptée unanimement par l'Assemblée générale des Nations Unies en 1989 et l'utilisation de la presse pour l'éducation à la citoyenneté. La thèse de Mendel est essentiellement une analyse sociopsychanalytique du « phénomène autorité » et du processus de frustration, d'agressivité et de culpabilité qui s'y rattache. Galichet en résume ainsi les éléments fondamentaux :

La réflexion de G. Mendel, telle qu'elle se trouve exposée notamment dans son ouvrage le plus connu, *Pour décoloniser l'enfant,* part d'une étude du « phénomène autorité ». Celui-ci se manifeste par un certain nombre de traits : la croyance en une transcendance (religieuse ou laïque) ; la menace d'une pénalisation en cas de transgression ; le mystère. Mais surtout, ce qui, par delà ces divers aspects, le caractérise, c'est le sentiment de culpabilité. Toute relation d'autorité, de quelque ordre qu'elle soit, s'enracine dans la dépendance « psycho-affective » du nourrisson et du jeune enfant par rapport à l'adulte. Cette dépendance a pour corrélat une agressivité inévitable, puisqu'elle entraîne nécessairement des frustrations liées à l'impossibilité, pour l'adulte, d'être totalement et continuellement disponible en vue de satisfaire besoins et désirs de l'enfant. Et cette agressivité à son tour engendre la culpabilité, à savoir la peur d'être abandonné précisément en raison des actes agressifs commis ou fantasmés (p. 84-85).

Cette analyse permet d'envisager une conception de l'éducation à la citoyenneté qui va beaucoup plus loin que les deux premiers modèles :

Elle ne consiste plus simplement à donner des informations sur les institutions, ni même une instruction susceptible de garantir l'autonomie du jugement et l'indépendance de la personne. Elle ne se limite pas davantage à forger chez l'enfant des habitus lui permettant de s'insérer dans une collectivité d'égaux pratiquant le débat et la coopération. Elle vise, bien au-delà, à s'attaquer à la racine même des résistances à une citoyenneté autonome et responsable, à savoir la tendance irrépressible des hommes à rechercher un protecteur, à se soumettre à une autorité, à rechercher un garant de l'ordre et de la tranquillité, à voir dans les institutions politiques essentiellement un facteur d'assurance ou de réassurance (p. 85-86).

Dans cette vision *réaliste* de l'éducation à la citoyenneté, le conflit (qu'il faut distinguer de la violence) joue un rôle important. C'est le conflit qui « rend possible l'évolution, le changement, l'adaptation de la société et des individus à de nouvelles conditions d'existence ». Or la fonction de l'autorité est précisément de le faire disparaître. Si rien n'est fait pour la neutraliser, l'autorité devient le moyen et l'expression de la rigidification de la société face aux forces de désintégration. Une conception *réaliste* de l'éducation à la citoyenneté comporte donc nécessairement un affrontement direct du conflit :

Une éducation à la citoyenneté doit « mettre les pieds dans le plat » ; ne pas simplement *préparer* les élèves à l'action ou la vie politique, mais les y confronter directement et immédiatement. C'est en ce sens qu'on peut dire qu'elle est « réaliste ».

Cette confrontation passe par la reconnaissance que « l'état naturel de l'homme est le conflit » (Mendel, 1972, p. 143). Dans l'ordre social comme dans l'ordre naturel, le conflit est ce qui seul peut faire évoluer les choses, provoquer des transformations, une évolution, un progrès. Le conflit est donc la valeur par excellence, source de toutes les autres valeurs. La reconnaissance du caractère inéluctable et positif du conflit, son acceptation, son assomption, constitue donc la condition *sine qua non* de toute citoyenneté possible. De ce point de vue, l'autorité peut être définie *a contrario*, comme le refus du conflit, sa dissimulation ou plutôt (car il ne saurait être éludé), sa dénégation (Galichet, p. 91).

Dans cette perspective, il n'est plus possible pour l'école d'éduquer à la citoyenneté et de préparer les jeunes à entrer dans l'univers de plus en plus complexe des adultes en les isolant de ce monde et en évitant toute confrontation entre le leur et celui des adultes :

> La citoyenneté entendue dans l'intégralité de ses dimensions doit s'entendre non plus seulement comme l'organisation d'un influencement réciproque des adultes («débat démocratique») ou des adultes sur les enfants (éducation morale et civique), mais en outre comme la possibilité instituée de l'influencement des enfants sur les adultes (p. 96).

Pour que cette conception *réaliste* de l'éducation à la citoyenneté puisse s'actualiser, il faut permettre à l'enfant de se percevoir comme membre d'une classe d'âge et de prendre conscience que «ses désirs, ses angoisses, ses fantasmes, ses aspirations» ne sont pas seulement les siens, mais aussi ceux de tous ses pairs et qu'il a le droit de les confronter à ceux des adultes, pourvu que cela ne soit pas une «contestation stérile et anarchique», mais une «*confrontation organisée* où il ne saurait y avoir ni vainqueurs ni vaincus, mais seulement une négociation permanente» (p. 97). Il ne s'agit donc pas simplement de concéder plus de pouvoir à l'enfant dans les affaires qui le concerne, mais de lui permettre de lutter «pour maintenir et développer sa spécificité [d'enfant] à l'intérieur de sa classe d'âge (devenue une classe sociale) et de participer au monde adulte sans se transformer totalement en adulte» (Mendel, 1972, p. 220).

Il y a un lien évident entre cette vision de la citoyenneté enfantine et le mouvement contemporain visant à faire de l'enfant non seulement un «objet» de droits, mais un véritable sujet de droits actifs, comme ceux d'expression, d'association, d'opinion et de croyances, et de droits politiques, comme ceux de vote et d'éligibilité. Ce mouvement a abouti à la Convention de 1989 qui garantit à l'enfant «le droit d'exprimer librement son opinion sur toute question l'intéressant, les opinions de l'enfant étant dûment prises en considération eu égard à son âge et à son degré de maturité» (Galichet, 1998, p. 103). Cela enlève aux parents et aux éducateurs le pouvoir absolu qu'ils croyaient souvent avoir sur les enfants au nom précisément de leur responsabilité éducative.

Le modèle *réaliste* d'éducation à la citoyenneté apparaît ainsi à Galichet comme beaucoup plus valable que les modèles *mimétique* et *analogique*. L'institution scolaire a une tendance intrinsèque à partager l'existence des enfants en deux sphères étrangères l'une à l'autre et complètement étanches : la sphère de l'universel, celle des disciplines et des savoirs traditionnels se déployant dans une sorte d'intemporalité ; et la sphère du « vécu » concret « approchée d'une manière essentiellement affective et psychologique » (p. 113). Les conflits d'intérêts et d'idées qui constituent « la matière même de la vie politique » risquent ainsi d'être écartés complètement de l'univers scolaire si on se limite à une éducation à la citoyenneté conçue selon le modèle *mimétique* ou *analogique*. Le modèle *réaliste* accorde une place importante à ces conflits. La presse écrite, dont Hegel disait qu'elle était la « prière quotidienne » du philosophe (p. 114), apparaît comme un outil privilégié que les enseignants peuvent utiliser pour rendre présents à l'école les conflits qui traversent la société et pour créer des ponts entre la sphère du savoir et celle du « vécu ».

C'est en s'appuyant sur cette typologie des diverses approches de l'éducation à la citoyenneté, où le modèle *réaliste* apparaît comme beaucoup plus satisfaisant que les deux autres, que Galichet aborde deux questions centrales dans les débats contemporains sur l'éducation à la citoyenneté : la crise de légitimité des valeurs sous-jacentes à cette éducation et le scandale des inégalités persistantes dans les sociétés démocratiques.

Il décrit bien les changements profonds qui rendent présentement inopérantes les approches classiques pour déterminer la légitimité des valeurs sous-jacentes à l'éducation civique. Dans cette conception républicaine classique, il n'y a qu'un seul principe de légitimité : « c'est le suffrage universel, adossé à l'idée des droits de l'homme et du citoyen qui constitue le préambule et le fil conducteur de tout débat démocratique » (p. 134). Ce principe de légitimité recouvre en fait trois principes qui paraissent s'intégrer harmonieusement :

– la raison théorique, c'est-à-dire ce qu'on appellerait aujourd'hui l'expertise, détermine et délimite le champ du possible ;

- la raison esthétique, c'est-à-dire l'affrontement des jugements, des exigences, des espérances de ceux qu'on
appellerait aujourd'hui les « militants » (des partis politiques, mais aussi des mouvements associatifs), nourrit et
précise le débat en définissant — de manière uniforme et
contradictoire — le souhaitable ;

- enfin, la raison pratique, symbolisée par l'élection au suffrage universel et la représentation qui s'en dégage,
décide de ce qui sera effectivement réalisé et accompli
(p. 135).

La crise actuelle de la légitimité provient en premier lieu de
changements récents qui ont détruit l'harmonie que la vision
classique postulait entre ces trois principes :

- l'expertise, héritière de l'ancienne raison théorique,
semble elle-même divisée et déchirée : sur tous les dos-
siers brûlants — pollution, sida, etc. — les experts
s'affrontent et chaque camp a les siens, de telle sorte que
le terme « bataille d'experts » marque bien à quel point,
depuis Condorcet, la science est un enjeu plutôt que le
tribunal qu'elle a un temps rêvé d'être ;

- le suffrage universel s'est lui aussi démultiplié, avec la
diversification des échelons de la démocratie (locale,
régionale, nationale, européenne, voire mondiale avec la
multiplication des conventions internationales primant
les droits nationaux). On sait bien qu'entre ces divers
échelons des conflits existent, qui ne trouvent pas toujours leur arbitrage ;

- enfin, la mobilisation citoyenne prend une importance
croissante avec l'extension du champ politique vers des
questions (urbanisme, santé, environnement) qui mettent
directement en jeu la vie quotidienne et suscitent des
mouvements de résistance et de militantisme, parfois
canalisés par le biais des mouvements associatifs
(p. 137).

Ces tiraillements incessants entre les experts, les militants
et les politiciens engendrent un deuxième changement qui contribue à invalider le modèle classique d'établissement de la
légitimité des normes morales communes : la fluctuation cons-

tante des frontières entre «morale publique» et «morale privée».
Ainsi, par exemple, «les pratiques hygiéniques que les manuels
de la fin du siècle dernier présentaient comme un devoir social,
voire moral (assimilant la malpropreté à l'alcoolisme, et celui-ci
au vol et à la dépravation), sont peu à peu passées dans le
champ de la libre initiative individuelle (chaque couple pouvant
librement faire son choix dans la panoplie proliférante des
manuels de puériculture qui se disputent le marché)» (p. 137).

Ces transformations profondes ont évidemment des
répercussions sur la façon dont on peut concevoir l'éducation à la
citoyenneté aujourd'hui. Dans un contexte de «légitimités contradictoires et concurrentes», éduquer à la citoyenneté «ne peut
être désormais qu'apprendre à gérer ces légitimités contradictoires qui déchirent les sociétés et les individus. [...] Éduquer à la
citoyenneté ne saurait aller désormais sans éduquer au conflit et
apprendre à gérer ce conflit qui n'est pas simplement un conflit
d'opinions ou d'intérêts, mais véritablement un conflit de
légitimités, c'est-à-dire de normativité» (p. 142-143). Dans une
société qui n'est plus marquée par un «ensemble cohérent et
bien déterminé de valeurs, mais plutôt par des normativités multiples et exclusives» (p. 143), on ne peut plus s'attendre à ce
qu'il y ait une correspondance complète entre les valeurs de
l'enseignant et celles des divers groupes de citoyens et «exiger
de lui qu'il professe une sorte de morale commune qui serait
celle du groupe». Et pourtant, on ne saurait pas davantage se
contenter de la posture relativiste et individualiste d'«à chacun
selon ses valeurs». Cela signifierait en effet «la négation de toute
éducation, et du reste aussi de toute pensée» (p. 144). Dans le
contexte actuel, il ne suffit pas d'éduquer à la reconnaissance et
au respect de l'autre. Il faut aussi apprendre à ébranler la
«suffisance identitaire» et à s'intéresser à l'autre par delà les
divergences et les conflits de valeurs.

> On saisit à partir de là les principes de ce que pourrait être une
> éducation à la citoyenneté et à la responsabilité. Le problème
> n'est pas d'inculquer telle valeur ou ensemble de valeurs plutôt
> que tel autre. Il est de permettre l'émergence d'un questionne-
> ment, d'une inquiétude qui arrache l'enfant ou l'adolescent au
> confort d'un plein et serein accord avec soi-même et de l'accepta-
> tion passive de l'altérité d'autrui : «Lui, c'est lui, moi c'est moi». Il
> est donc moins de «construire une identité» que, à l'inverse,

d'ébranler une identité trop massive et d'y introduire la divergence et la dissonance ; il n'est pas de préparer à la coexistence et à la tolérance, mais au contraire, de mettre en scène l'incommensurable abîme qui me sépare d'autrui et m'oblige (au sens moral du terme) à m'intéresser à lui. C'est donc une «pédagogie du conflit» à la fois entre les individus mais aussi en chacun» (p. 146).

La pédagogie du conflit que propose ici Galichet comme solution à la crise de légitimité des valeurs dans les sociétés contemporaines s'inscrit d'emblée dans le modèle d'éducation à la citoyenneté qu'il privilégie, le modèle *réaliste*. Comme on peut le voir dans cette citation, une éducation à la citoyenneté conçue selon ce modèle serait une éducation véritablement «centrée sur l'élève».

Une approche des désaccords moraux profonds : la démocratie délibérative et le principe de réciprocité

La mise en œuvre d'un modèle réaliste d'éducation à la citoyenneté se fonde sur une pleine reconnaissance de la profonde crise de légitimité des valeurs dans les sociétés contemporaines. On peut dès lors se demander sur quels principes on peut s'appuyer pour trouver des solutions démocratiques aux conflits moraux qui occuperont vraisemblablement une place centrale dans cette «pédagogie du conflit». Gutmann et Thompson (1996) proposent un ensemble articulé de principes permettant de résoudre démocratiquement les conflits moraux qui déchirent la société américaine. Selon ces deux auteurs, les conflits moraux sont inévitables en politique. Cela est particulièrement vrai dans ce qu'ils appellent la «middle democracy», une sphère intermédiaire entre les questions de moralité individuelle, qui préoccupent traditionnellement les moralistes, et les principes généraux pour une société juste qui préoccupent les théoriciens qui, comme Rawls, évitent de faire face «à l'indétermination apparente de plusieurs conflits moraux qui surgissent dans la politique contemporaine» (p. 35). C'est dans la «middle democracy» que surgissent la plupart des conflits moraux qui traversent la société. Gutmann et Thompson en identifient quatre sources : la pénurie de ressources; la générosité limitée de la nature humaine; les valeurs morales incompatibles; et la compréhension incomplète. À chacune de ces sources correspond une raison de privilégier la «démocratie délibérative», qui ne met pas seulement l'accent sur le processus démocratique, comme la «démocratie procédurale», ou sur le contenu, comme «la démocratie constitutionnelle» (p. 41-43).

La démocratie délibérative repose sur six principes dont les trois premiers, la réciprocité, la publicité et l'imputabilité (*accountability*), portent sur les conditions de la délibération et les trois derniers, la liberté fondamentale, les besoins fondamentaux (*basic opportunity*) et l'égalité des chances (*fair opportunity*), sur le contenu. Les conditions servent de «guide sur la façon dont la délibération devrait se dérouler», tandis que le contenu «fait lui-même partie de la délibération». Ni l'un ni l'autre de ces deux types de principes n'occupe une position privilégiée et ils peuvent tous deux «être contestés dans le processus démocratique» (p. 348). Les conditions de la délibération dépendent de son contenu: «Quel que soit le sérieux avec lequel les citoyens poursuivent la délibération dans un esprit de réciprocité, de publicité et d'imputabilité, ils ne peuvent réaliser ces idéaux que dans la mesure où chaque citoyen a suffisamment de *standing* économique pour rencontrer ses partenaires sur une base de respect égal» (p. 349). Par ailleurs, le contenu de la délibération dépend également de ses conditions: «Non seulement les conditions de réciprocité, de publicité et d'imputabilité restreignent-elles les prétentions trop envahissantes de la liberté, des besoins fondamentaux et de l'égalité des chances, mais elles encouragent une réponse plus conciliante aux prétentions légitimes de valeurs concurrentes» (p. 355-356). Il n'est pas possible ici de suivre Gutmann et Thompson dans leur discussion de chacun de ces principes. Je me contenterai d'examiner brièvement leur discussion du principe de réciprocité, car il a une importance cruciale lorsqu'on est aux prises avec des désaccords moraux profonds.

Le principe de réciprocité stipule que, en cas de conflit, les raisons apportées par chacune des parties doivent apparaître moralement acceptables à la partie adverse, même si le désaccord persiste.

Parce que les résultats des délibérations démocratiques sont mutuellement contraignants, les citoyens devraient aspirer à une sorte de raisonnement social qui soit mutuellement justifiable. Dans une perspective délibérative, un citoyen offre des raisons qui peuvent être acceptées par d'autres. Bien sûr, certaines raisons qui peuvent être acceptées en ce sens ne sont pas acceptées de fait, parce que les conditions sociales et politiques ne sont pas favorables à la pratique de la réciprocité. [...]. Mais même devant ce que nous appelons le désaccord délibératif, la réciprocité exige que les citoyens continuent à rechercher des termes équitables de coopération entre égaux (p. 52-53).

Pour bien clarifier la portée du principe de réciprocité, Gutmann et Thompson présentent (p. 53) un tableau qui illustre bien la spécificité de la démocratie délibérative par rapport aux approches qui font appel à la prudence ou à l'impartialité.

Principes	Justifications	Motifs	Processus	Buts
Prudence	Mutuellement avantageux	Intérêt propre	Marchandage	*Modus vivendi*
Réciprocité	Mutuellement acceptable	Désir de justifier face aux autres	Délibération	Délibération accord/ désaccord
Impartialité	Universellement justifiable	Altruisme	Démonstration	Vision compréhensive

Contrairement à la prudence qui attribue tous les conflits moraux à des conflits d'intérêts qui ne peuvent être résolus que par une négociation conduisant à un *modus vivendi*[4] mutuellement acceptable, la réciprocité va plus loin en exigeant que les raisons fournies soient « mutuellement acceptables dans le sens qu'elles peuvent être acceptées par tout citoyen ». La réciprocité incite les citoyens à fournir à ceux avec qui ils doivent collaborer des raisons acceptables même par ceux « qui sont en désaccord avec les conclusions que les raisons visent à justifier » (p. 54).

Pour ce qui est de l'autre principe rival, l'impartialité, il exige non seulement que les raisons apportées pour justifier une

---

4. Tout en insistant sur le principe de réciprocité, Zaw (1996) envisage la solution des conflits moraux profonds comme la « négociation » d'un *modus vivendi* en faisant appel à la raison pratique.

politique soient acceptables par toute personne qui se trouve dans une situation moralement similaire, mais que ces raisons soient impersonnelles, qu'elles exigent que «les citoyens suppriment ou ne tiennent pas compte de leurs projets individuels lorsqu'ils font des politiques ou des lois». La méthode privilégiée par ceux qui adoptent ce principe est la démonstration «qui vise, en autant que possible, à établir la vérité d'une vérité morale compréhensive». Dans les cas de désaccord moral, «l'impartialité dit aux citoyens et aux officiels qu'ils devraient affirmer la vision la plus en accord avec la vraie moralité telle que déterminée par justification impersonnelle. Il n'y a alors plus de place pour la délibération politique» (p. 54).

Pour illustrer la supériorité du principe de réciprocité par rapport au principe de prudence et d'impartialité, Gutmann et Thompson discutent un cas concret, celui des parents fondamentalistes de l'État du Tennessee qui demandaient des modifications à des parties spécifiques du programme scolaire parce qu'ils ne voulaient pas que leurs enfants apprennent à porter des jugements critiques, à utiliser leur imagination et à exercer des choix «dans des domaines où la Bible fournit la réponse» (p. 63). Un tel conflit, qui porte sur des valeurs fondamentales, ne peut faire l'objet de négociation sur la base du pouvoir, car les parents sont en situation de minorité, et une approche par la négociation ne peut accorder «aucune considération aux mérites des prétentions des deux parties» (p. 64). Par ailleurs, l'impartialité n'est pas possible, car «il n'y a pas de position moralement neutre dans ce cas». Dans un tel cas, ce que le principe de réciprocité recommande, ce n'est pas de tenir compte du pouvoir de négociation ou de l'intensité des intérêts de chaque partie ou, encore, de rechercher une position complètement neutre. Il ne demande pas non plus que les deux parties parviennent à un consensus. «Ce qu'il exige, ce sont des raisons qui peuvent apparaître justifiées aux yeux de toutes les parties motivées à trouver des termes équitables de coopération sociale» (p. 65). Voici comment Gutmann et Thompson résument les raisons qui pourraient être avancées légitimement dans une situation semblable.

> Dans son éducation civique, la démocratie délibérative va même plus loin que la plupart des autres formes de démocratie. Elle enseignerait aux enfants non seulement à respecter la dignité

humaine, mais aussi à apprécier son rôle pour soutenir la coopération politique dans des termes qui peuvent être partagés par des citoyens moralement motivés. Ce serait une absurdité pédagogique si les écoles voulaient enseigner cela dogmatiquement ou par endoctrinement. Mais elles ne peuvent rester neutres sur une question qui affecte la nature de la démocratie elle-même. Accepter l'objection des parents fondamentalistes devant un enseignement de la « dignité fondamentale et la valeur des êtres humains », ce serait s'attaquer à un trait fondamental de la démocratie délibérative — un trait qui rend possibles les demandes de réciprocité de toute vision morale ou religieuse.

Les prétentions empiriques des parents fondamentalistes ne passent pas le test de la réciprocité, car on ne peut les soutenir en s'appuyant sur des méthodes d'enquête fiables. Lorsque les enseignants demandent aux enfants de lire des histoires décrivant une communauté indienne catholique à New Mexico, l'effet de cet enseignement n'est pas d'inculquer la croyance au catholicisme. Il n'y a pas de données empiriques fiables montrant que les enfants qui doivent étudier différentes religions ou différentes cultures ont tendance à se convertir à ces religions ou à adopter ces cultures pour eux-mêmes. Postuler que c'est l'effet de l'éducation, c'est ignorer une distinction simple entre enseigner sur la religion et enseigner à croire à une religion[5]. Bien sûr, les parents peuvent rejeter la pertinence de cette distinction : ils peuvent prétendre que le simple fait d'étudier les autres religions affaiblit leur propre religion parce qu'il implique que la religion est une question de choix rationnel ou d'opinion subjective. Mais la distinction est importante non seulement comme question de logique, mais aussi comme base pour une éducation civique qui aide les citoyens à comprendre les diverses cultures de leurs concitoyens. Sans une telle compréhension, les citoyens ne peuvent supporter une politique éducative qui respecte toutes les religions en des termes que tous les citoyens moralement motivés peuvent partager (p. 66).

Il existe toutefois d'autres cas de désaccords politiques qui ne peuvent être résolus simplement en appliquant le principe de réciprocité. Dans l'établissement des politiques commerciales, par exemple, il faut également faire appel à la négociation. « Le principe de réciprocité permet la négociation dans des condi-

---

5. Sur ce point qui a fait récemment l'objet d'un large débat au Québec, voir Ouellet, 2000a.

tions de désaccord sur des faits empiriques, pourvu que les législateurs accordent suffisamment de considération aux mérites moraux de l'ensemble de la négociation» (p. 72). Et les individus et les groupes ne peuvent délibérer sur une base de réciprocité que si les autres acceptent de le faire et ne cherchent pas à en tirer avantage. Sur la question de l'avortement ou de la peine de mort, on est en présence d'un conflit «dans lequel les raisons morales divisent si profondément les citoyens qu'aucune solution ne semble possible dans des termes de coopération équitable» (p. 73). Dans de tels cas, tout ce qu'il est possible d'espérer, c'est de parvenir à un «désaccord délibératif» et à un «accommodement moral» où les partisans et les opposants reconnaissent que la position de l'autre a un fondement moral légitime et mérite le respect.

> Comme la tolérance, le respect mutuel est une forme d'accord pour être en désaccord. Mais le respect mutuel exige plus que la tolérance. Il exige une attitude favorable à l'égard des personnes avec lesquelles on est en désaccord et une interaction constructive avec elles. Elle consiste en une excellence de caractère qui permet à une démocratie d'être florissante en contexte de désaccord moral fondamental. Il s'agit là d'une forme très spécifique de caractère. C'est le caractère d'individus qui sont moralement engagés, capables de réfléchir sur leurs engagements et de discerner les différences d'opinions respectables de celles qui sont simplement tolérables, et qui sont ouverts à la possibilité de changer d'idée ou de modifier leurs positions dans le futur, s'ils sont confrontés à des objections à leur point de vue présent pour lesquelles ils n'auraient pas de réponse» (p. 79-80).

Le respect mutuel que suppose le principe de réciprocité permet ainsi non seulement de maintenir une communauté morale en dépit du conflit, mais il contribue également à la résolution du conflit en décourageant deux formes opposées de rigidité morale : l'arrogance du dogmatisme moral et le scepticisme moral excessif, qui «découragent toute discussion morale» et conduisent à recourir à la force pour résoudre les conflits.

En distinguant clairement les conflits moraux des conflits d'intérêts et en montrant comment ils peuvent avantageusement être abordés selon les principes de la démocratie délibérative, Gutmann et Thomson apportent des précisions importantes sur la «pédagogie du conflit» préconisée par Galichet. Même s'ils n'abordent pas explicitement des conflits d'importance dans des contextes comme ceux de l'ex-Yougoslavie, de l'ex-URSS, de l'Inde, les conflits d'allégeances identitaires[6], la mise en œuvre des principes de la délibération démocratique pourrait fournir des pistes intéressantes pour éviter que de tels conflits ne dégénèrent en violence, et ce, en les plaçant dans le cadre plus large des conflits moraux qui déchirent les sociétés contemporaines. L'éducation à la citoyenneté apparaîtrait alors comme une initiation progressive à la démocratie délibérative où les conflits moraux occupent une place centrale[7].

Le scandale des inégalités et le modèle pédagogique

Selon Galichet, l'idée d'égalité constitue le noyau des conceptions républicaines et libérales de la démocratie. Et il ne s'agit pas seulement d'une égalité théorique, mais d'une égalité qui comporte « la capacité *effective de participer* au débat républicain » (p. 150). Mais la pensée républicaine traditionnelle établit une distinction fondamentale entre « l'égalité *politique* des *citoyens*, qui est absolue et inconditionnelle [...] et la possibilité, voire la nécessité d'inégalités culturelles, sociales, économiques, qui ne seraient pas contradictoires avec le concept de démocratie, bien au contraire ». Pour Condorcet comme pour de nombreux commentateurs modernes, vouloir un nivellement complet des degrés d'instruction et donc de fortune serait une utopie dangereuse et totalitaire, une forme de « communisme » auquel le républicanisme doit s'opposer, lui « qui affirme l'égalité politique des individus mais préserve leurs différences, donc leurs inégalités empiriques, pour le plus grand bien de tous, car chacun ainsi, même le plus modeste, profite des talents ou du génie de quelques-uns » (p. 151).

---

6. Cela s'explique sans doute par leur choix de se limiter aux conflits moraux faisant l'objet de désaccord dans la société américaine où ce type de conflits n'est pas aussi important qu'ailleurs dans le monde.
7. Weinstock (2001) soulève toutefois de sérieuses questions sur le caractère démocratique de la démocratie délibérative lorsqu'elle doit répondre aux questions difficiles que pose la « diversité profonde ».

Toutefois, dans le contexte contemporain, la réussite ou l'échec scolaire constituent « le principe de plus en plus essentiel et exclusif de différenciation, donc d'inégalité sociale ». Cela oblige à remettre en cause la validité de cette distinction entre l'égalité politique et les inégalités empiriques. En effet, le principe de concurrence et de compétition qui devait jouer uniquement au niveau de l'instruction « ultérieure » tend maintenant à « prévaloir même au niveau de l'instruction élémentaire commune et à parasiter ainsi toute tentative d'éducation altruiste et citoyenne » (p. 154).

Ce à quoi les élèves sont confrontés, c'est à ce scandale originaire, cette énigme incompréhensible de l'inégalité des individus, du « pourquoi suis-je moi, cet écolier qui a tant de peine à résoudre les problèmes, à faire une dictée sans faute, une rédaction originale et bien écrite, alors que mon voisin y parvient sans peine? » Ce scandale, aucune pédagogie jusqu'ici ne l'affronte, qu'elle soit « traditionnelle » ou « nouvelle », qu'elle ne s'intéresse qu'aux bons élèves ou qu'elle s'acharne à développer soutiens et remédiations aux élèves en difficultés (p. 156).

Dans cette perspective, une éducation à la citoyenneté n'est vraiment démocratique que si elle conduit les élèves à réfléchir sur ce scandale de l'inégalité et si elle les amène à considérer le problème de l'échec scolaire comme leur propre problème et pas seulement celui des enseignants.

L'éducation à l'altruisme et à la citoyenneté ne peut être authentiquement et véritablement démocratique que si elle place les élèves en situation de pédagogie mutuelle ou, plus exactement, si elle permet de faire éprouver la nécessité de la pédagogie comme une exigence valable pour tous et non pas seulement pour les enseignants » (p. 163).

Cette vision de l'éducation à la citoyenneté se démarque de celle du modèle *mimétique* qui, parce qu'elle privilégie « la parole et l'exemple du maître, rend secondaires et inessentielles les relations " horizontales " des élèves entre eux et par conséquent, l'expérience de leur(s) inégalité(s) dont on vient de voir qu'elle était le principe même de l'éthique démocratique » (p. 159). Par contre, le modèle *analogique* préconise ces relations horizontales, mais il n'accorde pas pour autant une valeur particulière à l'expérience de l'inégalité.

Tout ce qui tend ou revient à priver l'enfant de l'expérience fondatrice de l'inégalité originaire et d'interrogation qu'elle suscite lui ôte fatalement, non seulement son efficacité, mais plus profondément sa signification première, à partir de laquelle seule l'inculcation de valeurs ou d'attitudes peut prendre sens. Pour dire les choses plus simplement et plus brutalement : dans une classe composée quasi-exclusivement d'enfants de cadres ou bien à l'opposé d'enfants d'ouvriers et de chômeurs, les cours de morale et/ou la pédagogie coopérative peuvent bien former des hommes capables de travailler en équipe, des professionnels rompus à la « concertation », des individus capables de participer activement à la vie associative — mais ils ne sauraient former des citoyens (p. 161).

Toutefois, il ne suffit pas de permettre aux élèves de toutes les classes sociales de se côtoyer à l'école pour produire une société égalitaire. La recherche de l'excellence et de la formation la plus poussée possible pour ceux qui en ont la capacité conduit inévitablement l'école à des formules de regroupement des plus forts. Pour les libéraux, ce regroupement se justifie par « le droit de chacun au développement de toutes ses potentialités » et pour les républicains, parce qu'il est supposé « bénéficier à tous » (p. 172). La seule solution, si l'on exclut les formes totalitaires de nivellement, c'est d'opter pour une approche *pédagogique* où l'on demande aux bons élèves de consacrer une partie importante de leur temps à aider leurs camarades qui éprouvent des difficultés. Selon Galichet, le temps scolaire consacré à cette tâche ne serait pas du temps perdu pour le développement personnel.

En outre, on ne saurait affirmer que la prise en charge pédagogique de camarades en difficulté soit, pour les élèves excellents, du temps perdu. Qui oserait soutenir que l'ingéniosité demandée pour l'élaboration d'une stratégie éducative ne vaut pas largement celle que demandent les jeux sophistiqués et les activités culturelles qui font souvent l'ordinaire des élèves dits favorisés ? Et que la confrontation concrète, laborieuse, à un camarade d'un autre milieu que lui n'apporte pas autant, pour le développement personnel, que la lecture d'un livre ou la visite d'une exposition — même si, cela va de soi, elle ne saurait les exclure ni les remplacer (p. 173) ?

Cette approche « *pédagogique* » apparaît à Galichet comme une réponse beaucoup plus adéquate à la prédominance du principe de compétition à l'école que les deux réponses qu'on trouve généralement dans le discours sur l'enseignement : « une éducation à la citoyenneté qui favoriserait soit la coopération (travail de groupe, activités coopératives, pédagogie institutionnelle), soit — ou simultanément, comme chez Freinet — les activités créatrices et expressives » (p. 176). Les compétences en coopération deviennent fatalement des atouts de promotion individuelle dans une société compétitive, et l'expression de soi et la créativité ne peuvent échapper à la loi de la concurrence. « C'est pourquoi, seule la mise en situation pédagogique des élèves vis-à-vis de leurs camarades en échec est susceptible de constituer le fondement d'une éducation à la citoyenneté en rupture avec le principe de compétition » (p. 178).

Il y a une parenté profonde entre le modèle *pédagogique* suggéré ici par Galichet pour aborder le problème de l'inégalité et la « pédagogie du conflit » qu'il proposait pour faire face à la crise de légitimité des valeurs sous-jacentes à la citoyenneté. Dans les deux cas, on a l'obligation morale de s'intéresser à autrui pour lui-même :

> Le rapport tutoral à autrui m'oblige à l'appréhender dans ses réactions, résistances et réticences les plus singulières ; il me contraint à *m'arrêter* sur lui, sans le dépasser vers l'impersonnalité de la loi ou d'un projet commun (p. 180).

Cette présentation rapide des différents modèles d'éducation à la citoyenneté et des solutions aux problèmes de la crise de légitimité des valeurs et du « scandale de l'inégalité » que proposent les auteurs qui adhèrent à l'un ou l'autre de ces modèles permet, je crois, d'apprécier la pertinence et l'originalité de l'analyse de Galichet. Sans nier tout apport des approches relevant des modèles *mimétique* et *analogique,* il apporte des raisons très convaincantes de privilégier le modèle *réaliste.* Cette option l'amène à aborder les conflits de valeurs et la crise de légitimité des valeurs qui sont une donnée incontournable de la situation contemporaine dans les sociétés démocratiques en privilégiant une « pédagogie du conflit » qui corrige la tendance naturelle du milieu scolaire à éviter les questions controversées qui relèvent du politique. Par ailleurs, il reconnaît avec raison que l'éducation à la citoyenneté ne peut éviter d'aborder la question difficile de l'équilibre entre la recherche de l'égalité et la poursuite de l'excellence. Cela l'amène à proposer ce qui apparaît comme un quatrième modèle d'éducation à la citoyenneté, le modèle *pédagogique*.

Une approche efficace face au scandale des inégalités : l'instruction complexe

Je voudrais, en terminant, attirer l'attention sur des rapprochements entre le modèle «pédagogique» que propose Galichet pour aborder d'une manière réaliste le scandale de l'inégalité et l'*instruction complexe*, une forme originale d'apprentissage en coopération développée à l'Université Stanford par Elizabeth Cohen (1994). Dans les deux cas, la question de l'inégalité occupe une place centrale, mais l'originalité de l'approche de Cohen est de fournir aux enseignants des moyens efficaces, appuyés sur plusieurs années de recherche dans les écoles, pour réduire les inégalités que les élèves apportent avec eux en classe.

Elle met l'accent sur la dynamique des statuts au sein des groupes de travail et sur les apprentissages de haut niveau en même temps que sur les habiletés sociales. Elle cherche ainsi à établir des interactions égalitaires avec des élèves qui appartiennent à diverses classes sociales et à divers groupes culturels en leur apprenant à réaliser des tâches riches et exigeantes que même les plus forts ne peuvent maîtriser complètement. Cette approche apparaît ainsi comme une voie particulièrement prometteuse pour faire face aux défis de la pluriethnicité en éducation. Elle permet de ne pas isoler l'hétérogénéité culturelle des autres formes d'hétérogénéité (classes sociales, maîtrise des apprentissages scolaires, popularité parmi les pairs) et «d'insérer la question interculturelle dans une perspective éducative d'ensemble» (Conseil supérieur de l'éducation, 1993, p. 90). C'est une approche qui repose sur une planification rigoureuse, sur des stratégies d'implantation qui ont été testées pendant des années de recherche et sur une forme d'évaluation qui permet des ajustements continuels.

L'approche de Cohen semble s'appuyer sur la même volonté de sensibilisation des élèves au «scandale de l'inégalité» que celle qui est sous-jacente au modèle pédagogique préconisé par Galichet. Les stratégies d'égalisation des statuts et de modification des attentes de compétence dans le travail de groupe apparaissent comme un complément utile, nécessaire même, à la stratégie de parrainage proposée par Galichet.

Par ailleurs, les analyses de Galichet permettent de percevoir les limites d'une approche coopérative qui ne s'inscrirait pas résolument dans un modèle réaliste. Cette prise de conscience est susceptible d'avoir un impact important sur la façon dont les enseignants pourront exercer leur imagination créatrice dans l'élaboration de tâches «riches» à réaliser en coopération. Ces tâches pourront davantage refléter les conflits de la société et les questions controversées que l'école a souvent tendance à éviter. Les développements théoriques de Galichet sur les postulats éthiques sous-jacents au modèle «pédagogique» sont également de nature à convaincre les enseignants de l'importance de «déléguer» une partie de leur autorité aux élèves. Cette «éthique pédagogique» apparaît également comme un idéal important à transmettre aux élèves dans l'éducation à la citoyenneté. Ils seront ainsi incités à exercer leur imagination pour trouver des moyens d'aider leurs camarades à comprendre les concepts plus difficiles et ils percevront l'importance des petites réussites qu'ils pourront avoir dans ce domaine.

Conclusion

L'éducation à la citoyenneté est devenue une préoccupation majeure des responsables du système d'éducation dans plusieurs pays aux prises avec les défis du pluralisme ethnoculturel et religieux. Les quatre modèles d'éducation à la citoyenneté proposés par Galichet peuvent aider à concevoir des programmes d'éducation à la citoyenneté qui ne mettent pas l'accent d'une manière trop unilatérale sur la cohésion sociale. Une combinaison du modèle réaliste et du modèle pédagogique, tels qu'il les définit, permet de renouveler l'approche de deux problèmes centraux dans toute éducation à la citoyenneté : la crise de légitimité des valeurs dans les sociétés contemporaines et le scandale des inégalités.

Pour ce qui est du premier de ces problèmes, nous avons vu que les principes de la démocratie délibérative définis par Gutmann et Thompson, et en particulier le principe de réciprocité, fournissent des appuis théoriques pour assurer un minimum de cohésion sociale en dépit de profonds désaccords moraux que la délibération démocratique ne réussit pas à éliminer.

Quant au scandale des inégalités, il paraît opportun de s'y attaquer non seulement en faisant appel au tutorat des pairs comme le propose Galichet, mais en utilisant l'approche de l'apprentissage en coopération selon la formule de l'instruction complexe mise au point par Elizabeth Cohen. Cette approche fournit des moyens efficaces pour atteindre un équilibre entre trois préoccupations/valeurs centrales dans toute éducation à la citoyenneté en contexte pluraliste : l'ouverture à la diversité, la cohésion sociale et l'égalité.

Racisme, inégalités et postmodernité

DANS quelle mesure le racisme est-il responsable des inégalités sociales qu'on observe dans toutes les sociétés ? Sous quels déguisements nouveaux l'idéologie raciste se présente-t-elle à nous dans les sociétés contemporaines ? Voilà deux questions auxquelles il est essentiel d'apporter des réponses si l'on veut contribuer efficacement à diminuer l'attraction de l'idéologie raciste sur les esprits des futurs citoyens. La première question s'impose à cause des vives controverses qui ont opposé les libéraux et les conservateurs aux États-Unis concernant l'action positive. Il importe d'avoir une idée des enjeux sous-jacents lorsqu'on réfléchit sur la façon dont l'école peut le mieux lutter contre le racisme et les inégalités. Quant à la seconde question, on voit mal comment des initiatives antiracistes peuvent être efficaces si elles ne s'appuient pas sur une bonne analyse des formes nouvelles de cette idéologie dans les sociétés contemporaines.

Les deux premiers chapitres d'un texte percutant de Zygmunt Bauman, *Postmodernity and Its Discontents*, fournissent des pistes intéressantes sur cette dernière interrogation. L'ouvrage fourmille d'intuitions très éclairantes sur les caractéristiques culturelles particulières à la période dans laquelle nous vivons. Dans notre société déréglementée où le «bon consommateur», le «chasseur-cueilleur de sensations» et le «touriste» sont des personnages centraux, on voit surgir un nouveau racisme dont la victime n'est plus l'étranger, mais le «consommateur imparfait».

La question des inégalités sociales apparaît centrale dans cette vision des formes contemporaines du racisme. C'est une question qui fait l'objet de nombreuses controverses et de débats politiques qui ont des échos chez les chercheurs en sciences sociales. Avant de présenter la traduction de larges extraits des deux premiers chapitres de l'ouvrage de Bauman[1], j'exposerai les principales articulations de ce débat en m'appuyant sur un ouvrage où deux spécialistes britanniques (Solomos et Back, 1996) dressent un bilan de l'état actuel des connaissances sur la question du racisme.

Le racisme est un phénomène complexe dont il est difficile d'avoir une vue d'ensemble. En l'abordant, comme je le fais ici, sous l'angle des inégalités sociales, on risque de banaliser le phénomène. Si on ne prend pas suffisamment le soin de distinguer le racisme des autres formes de domination et d'exclusion pour des raisons de différences de sexe, d'orientation sexuelle, d'état de santé (sida), de culture, de religion ou de classe sociale, on peut en venir à voir du racisme partout, si bien que l'expérience des Noirs américains et celle des Juifs européens n'auront plus rien de spécifique. Toutefois, s'il importe de ne pas banaliser ces formes extrêmes de racisme, il faut reconnaître qu'il existe un lien entre ces phénomènes et qu'ils peuvent se renforcer mutuellement. Une définition du racisme doit donc être suffisamment large pour inclure toutes ces formes de domination et d'exclusion.

Je définis le racisme comme une idéologie, une représentation qui attribue aux membres de certains groupes d'humains des qualités intrinsèques, immuables et généralement héréditaires. L'attribution de ces qualités permet de justifier soit la domination et l'exploitation des membres de ces groupes, soit leur différenciation, leur exclusion, voire leur élimination. Ma définition se rapproche de celle de Memmi:

> Le racisme est la valorisation généralisée et définitive de différences, réelles ou imaginaires, au profit de l'accusateur et au détri-

---

1. Je remercie la New York University Press d'avoir autorisé la publication de ces extraits.

ment de sa victime, afin de légitimer une agression (Memmi, 1982/1994, p. 14).

Daniel Sibony formule quelques réserves par rapport à cette définition qui ne lui paraît pas accorder suffisamment d'attention aux mécanismes psychologiques profonds qui constituent selon lui la source inépuisable à laquelle s'alimente l'idéologie raciste. Le racisme est lié au refus de la finitude.

> Une idée simple et dure parcourt ce livre, silencieusement : c'est qu'il y a des gens qui soudain *manquent d'appui pour exister* et qui, au lieu de basculer dans la déprime, se mettent à haïr celui dont ils pensent qu'il le leur a peut-être pris, ou volé ; et dans cette haine, ils trouvent l'appui qui leur manquait pour exister (Sibony, 1997, p. 8).

Il s'agit là d'une perspective importante pour saisir ce qui constitue le moteur profond du racisme, mais il ne m'est pas possible de l'examiner ici. Je voudrais plutôt chercher à préciser comment se pose la question des liens entre le racisme et l'inégalité sociale dans les sociétés contemporaines.

Selon Solomos et Back, la plupart des auteurs s'accordent pour dire que le racisme est un phénomène moderne.

> Il a ses fondements à la fois dans les Lumières et le renouveau religieux du 18ᵉ siècle. Il fut un produit de la préoccupation pour la raison dans l'univers, la nature et l'esthétique ainsi que de l'insistance sur la force éternelle de l'émotion religieuse et de l'âme humaine. Il a également participé à l'effort pour définir la place de l'homme dans la nature et à l'espoir de créer un monde ordonné, en santé et heureux (Mosse, 1985. Cité par Solomos et Back, 1996, p. 32).

C'est à cette période qu'on a vu apparaître les recherches visant à distinguer les « types raciaux » et à développer des catégorisations où les races ont été définies comme « culturellement, psychologiquement et physiquement distinctes » (p. 34). Deux écoles de pensée sont apparues dans ces discours sur la race qui visaient à déterminer l'origine des différences entre les divers groupes humains : le monogénisme, pour qui les différences sont le produit de l'environnement et des conditions climatiques, et le polygénisme, pour qui elles sont innées et permanentes.

C'est ainsi que la tentative de classifier les races humaines selon des attributs physiques et mentaux devait devenir un concept clé dans les débats politiques et sociaux du dix-neuvième siècle. En ce sens, les idéologies de la race sont autant un produit de la modernité que le socialisme et le libéralisme (p. 36).

Toutefois, certains auteurs (Todorov, 1986) rejettent comme trop simpliste ce lien entre la philosophie humaniste des Lumières et le racisme parce que cette vision des choses néglige les valeurs universalistes et égalitaires qui étaient au cœur du projet des Lumières.

Solomos et Back identifient cinq grands thèmes dont l'exploration est nécessaire pour comprendre les diverses manifestations du racisme dans l'Occident moderne :

1. L'esclavage et le capitalisme.

2. Les travaux pseudo-scientifiques sur la race et le darwinisme social à la fin du dix-neuvième et au début du vingtième siècle.

3. L'impérialisme et le colonialisme.

4. L'antisémitisme et le nazisme.

5. Les travailleurs migrants et le «problème» de l'immigration en Europe.

Selon la perspective de ces deux auteurs, la compréhension du racisme comme phénomène moderne suppose une compréhension de l'ensemble des facteurs qui ont contribué à donner à la modernité sa physionomie distincte.

Racisme et inégalités sociales

Selon Solomos et Back, une bonne partie des débats contemporains sur le racisme porte sur le lien entre le racisme et les inégalités sociales. Ces deux auteurs identifient plusieurs *questions* qui n'ont pas reçu de réponses définitives et qui soulèvent beaucoup de controverses :

• Comment expliquer l'émergence et la persistance d'inégalités raciales dans l'emploi, le bien-être social et l'éducation et les inégalités évidentes dans d'autres domaines ?

- Quels processus aident à expliquer le fait que les inégalités se structurent selon des lignes raciales ?

- Que peuvent faire les sociétés libérales pour s'assurer que les inégalités raciales ne conduisent pas à l'exclusion sociale et économique des minorités ?

Certains auteurs critiquent la notion de *racisme institutionnalisé* telle qu'elle a été utilisée pour décrire des formes de relations sociales et des types d'inégalités. D'autres pensent qu'il faudrait restreindre l'utilisation du terme racisme et ne le considérer que comme un phénomène idéologique. Si on ajoute les controverses sur les interprétations marxistes et postmodernes des liens entre les théories et les pratiques racistes, on voit qu'il importe de développer un cadre critique plus ouvert pour expliquer comment le racisme structure les relations sociales.

Il y a également beaucoup de controverses sur l'efficacité des politiques libérales de lutte contre les inégalités raciales et sur les liens entre :

- la législation antidiscrimination qui vise à créer des perspectives d'avenir pour les minorités et les nouveaux immigrants et à lutter contre la discrimination dont ils sont l'objet ;

- les initiatives multiculturelles et antiracistes qui cherchent à corriger la situation dans les domaines de l'emploi, de l'éducation, des services sociaux et du logement ;

- les politiques et les initiatives nationales développées par les autorités locales et les groupes communautaires pour résoudre des problèmes spécifiques.

Certains auteurs soutiennent que le développement de politiques d'égalité des chances est le produit d'un processus de négociation politique, de l'action des groupes de pression et d'interventions bureaucratiques. D'autres soulignent, au contraire, la nécessité de dépasser le niveau des politiques et des discussions publiques et d'explorer la façon dont des processus de discrimination profondément ancrés résistent à ce type d'interventions. Selon Solomos et Back, au moins quatre thèmes structurent les débats actuels sur ces questions :

- l'écart constaté par les chercheurs entre les objectifs des politiques antidiscriminatoires et leurs retombées concrètes ;
- la création et la reproduction de dislocations sociales caractéristiques des getthos de l'*underclass*. Les programmes de lutte contre la discrimination et d'action positive des années 1960 sont impuissants à corriger cette situation ;
- les travaux d'auteurs conservateurs et de la nouvelle droite qui prétendent que les problèmes des Noirs ne sont pas le résultat de la discrimination et de la ségrégation, passée et présente, mais de programmes sociaux trop généreux qui ont détruit leurs incitations à être productifs ;
- les critiques libérales des programmes d'action positive selon lesquelles la discrimination en faveur des Noirs favorise le *backlash* des Blancs et perpétue les attitudes racistes.

Solomos et Back constatent qu'en dépit d'un intense débat sur ces quatre thèmes, il n'y a eu que très peu d'analyses détaillées de l'efficacité des politiques publiques de lutte contre l'inégalité raciale. Ce bilan de l'état des connaissances en sciences sociales sur la question centrale des relations entre racisme et inégalités sociales apparaîtra sans doute plutôt décevant pour ceux qui y cherchent des orientations claires pour une action éducative antiraciste. Il a néanmoins l'avantage de bien cibler les questions qui se posent aujourd'hui et d'inviter à la prudence.

Le visage « postmoderne » du racisme selon Zygmunt Bauman

Zygmunt Bauman (1997) propose une thèse très articulée sur les formes particulières d'exclusion qui caractérisent les sociétés contemporaines. Elle repose en partie sur la distinction entre « modernité » et « postmodernité ». Selon cet auteur, il existe une différence fondamentale entre ce qu'il appelle le « malaise de la modernité » et le « malaise de la postmodernité ». Pour décrire le malaise de la modernité, il se réfère à l'ouvrage célèbre de Freud, *Malaise de la civilisation* :

La civilisation est fondée sur la renonciation à l'instinct. En particulier, nous dit Feud, la civilisation (lisez « la modernité ») « impose de grands sacrifices » à la sexualité et à l'agressivité de l'homme. « Les demandes de plus de liberté sont ainsi dirigées contre des formes et des exigences particulières de la civilisation ou contre la civilisation dans son ensemble » (p. 2).

Et, toujours selon Bauman, il ne peut en être autrement. Pour Freud, les plaisirs de la vie civilisée viennent dans un *package deal*, avec des souffrances, les satisfactions avec des malaises (*discountents*) et la soumission avec la rébellion. « L'homme civilisé a échangé une portion de ses possibilités de bonheur pour une portion de sécurité. » Les malaises qui ont été la marque de commerce de la modernité proviennent d'un excès d'ordre et de son compagnon inséparable — le manque de liberté.

La période postmoderne, par contre, souffre d'un excès de liberté :

Notre époque n'est plus marquée par l'ordre, mais par la déréglementation. Le principe de réalité doit aujourd'hui défendre sa cause dans une cour de justice où le principe de plaisir est le juge qui préside le tribunal. [...] Soixante-quinze ans après la publication de *Malaise de la civilisation,* la liberté individuelle est la valeur suprême, celle qui sert à évaluer toutes les autres [...] Cela ne signifie pas, cependant, que les idéaux de beauté, de pureté et d'ordre, qui ont mis les hommes et les femmes sur la route de la découverte du voyage moderne, ont perdu leur lustre originel. Mais ils doivent être poursuivis et atteints à travers la spontanéité, la volonté et l'effort individuel. [...] La liberté individuelle qui avait été un handicap et un problème (peut-être *le* problème) pour les constructeurs d'ordre modernes devient un actif majeur et une ressource dans l'auto-création de l'univers humain postmoderne.

Lorsqu'on gagne quelque chose, on perd toujours quelque chose en échange. *Les hommes et les femmes postmodernes ont échangé une portion de leurs possibilités de sécurité pour une portion de bonheur.* Le malaise de la modernité avait sa source dans une sorte de sécurité qui tolérait trop peu de liberté dans la poursuite du bonheur individuel. Le malaise de la postmodernité provient d'une sorte de liberté dans la recherche du plaisir qui tolère trop peu de sécurité individuelle.

[...]

Il n'y a pas de gains sans pertes et l'espoir d'une merveilleuse purification des gains de toutes pertes est aussi futile que le rêve proverbial d'un *free lunch*. Mais les gains et les pertes spécifiques à tout arrangement de cohabitation humaine doivent être évalués avec soin pour trouver l'équilibre optimal entre les deux, même si (ou plutôt parce que) la sobriété et une sagesse chèrement payées nous empêchent, hommes et femmes postmodernes, de nous laisser aller à rêver d'un bilan qui n'a qu'un côté crédit (p. 2- 3).

Le livre de Bauman cherche à dégager quelques-unes des conséquences de cet excès de liberté qui caractérise la postmodernité. Les formes nouvelles d'exclusion et d'inégalités qui marquent la postmodernité occupent une place importante dans cet ouvrage. Si l'étranger était l'obsession de la modernité, celle de la postmodernité est plutôt le pauvre criminalisé qui dérange la tranquillité du « bon consommateur ». Le premier chapitre de l'ouvrage aborde directement cette question en établissant un contraste intéressant entre les formes modernes et postmodernes de lutte contre la saleté et le désordre et de recherche de la pureté. Selon Bauman, la solution finale allemande fut une solution esthétique : « ce fut un travail d'édition, celui du doigt de l'artiste qui enlève une tache ; on a simplement annihilé ce qui était considéré comme non harmonieux » (C. Ozick). La question sociale à laquelle les Nazis ont cherché à répondre était une question de « pollution », celle de la présence obstinée de gens qui « ne cadraient pas », « n'étaient pas à leur place », « gâchaient le paysage — et constituaient une offense pour le sens esthétiquement gratifiant et moralement rassurant de l'harmonie ».

Pour Bauman, la pureté est une vision des choses placées en des endroits *différents* de ceux où elles devraient être si elles n'avaient pas été déplacées, c'est une vison de l'*ordre*, c'est-à-dire une situation où chaque chose est à sa place. Ce n'est pas la qualité intrinsèque des choses qui les rend impures, c'est qu'elles ne sont pas à leur place. Une paire de chaussures bien cirée posée sur la table à dîner ou une belle omelette répandue sur l'oreiller sont des exemples de ce type de désordres.

Mais il y a des choses qui n'ont aucune place dans un ordre fait par l'homme. Certaines posent des problèmes parce qu'elles traversent les frontières, qu'on les y invite ou non. Elles se moquent des efforts de ceux qui cherchent à les mettre à leur place. Les blattes, les mouches, les araignées, les souris entrent dans cette catégorie. D'autres sont encore plus menaçantes parce que non seulement elles se déplacent sans respecter les frontières, mais on ne se rend pas compte de leur présence. On pense ici aux mites, aux bactéries et aux virus. Ces choses exigent donc des précautions spéciales.

Il y a donc un lien étroit entre la pureté, l'hygiène et l'ordre. L'«ordre» désigne un environnement régulier, stable pour notre action ; un mode où la probabilité des événements n'est pas distribuée au hasard, mais arrangée selon une hiérarchie stricte, de manière à ce que certains événements arriveront très probablement tandis que d'autres sont moins probables et certains, virtuellement impossibles.

Tout comme Mary Douglas, Bauman croit que l'intérêt pour la pureté et l'obsession pour la lutte contre l'impureté sont des caractéristiques universelles des êtres humains : les modèles de pureté et les structures qui doivent être préservées changent d'une époque à l'autre, d'une culture à l'autre, mais chaque époque, chaque culture a un certain modèle de pureté et certaines structures idéales à conserver intactes et sans égratignures, quoi qu'il arrive. Ainsi, le souci de la pureté et la recherche de la propreté paraissent relever du même mécanisme. Balayer le plancher, stigmatiser les traîtres ou bannir les étrangers s'enracine dans le même souci de préserver l'ordre, de créer ou de conserver un environnement compréhensible et hospitalier à l'action raisonnable.

Si la «saleté» est un élément qui défie le but poursuivi dans les efforts pour mettre de l'ordre et si la saleté, qui est autonome dans son action, son mouvement et son orientation, est un élément qui défie la possibilité d'efforts efficaces en ce sens, alors l'étranger est la saleté par excellence. Il n'est donc pas étonnant que partout et à toutes les époques, dans leurs efforts effrénés pour séparer, confiner, exiler et détruire les étrangers, les hommes les aient comparés à de la vermine et à des bactéries. Il ne faut pas s'étonner non plus qu'ils aient comparé la signification de leur action à des campagnes d'hygiène. Ils combattaient les «étrangers» en étant convaincus qu'ils défendaient la santé de leur société contre les porteurs de maladies.

C'est ce qu'ont fait partout les « gens de la place ». Ceux-ci ne pouvaient se constituer en « gens de la place » qu'en s'opposant aux étrangers. Mais dans certaines situations, la préoccupation concernant les étrangers a assumé un rôle particulièrement important parmi les activités reliées à la recherche quotidienne de la pureté, à la reproduction quotidienne d'un monde habitable et ordonné. Cela s'est produit une fois que le travail de purification ou de « création de l'ordre » fut devenu une activité consciente et délibérée, lorsqu'il fut considéré comme une *tâche*, lorsque l'objectif du nettoyage, plutôt que de maintenir intact l'ordre des choses, fut de *changer la façon* selon laquelle les choses avaient l'habitude d'exister hier, de *créer* un nouvel ordre qui remettait en question l'ordre présent ; quand, en d'autres mots, s'occuper de l'ordre signifia l'introduction d'un ordre nouveau et par conséquent *artificiel*, l'apparition d'un *nouveau commencement*. Ce changement capital dans le statut de l'ordre coïncida avec l'arrivée de l'*ère moderne*. De fait, on peut définir la modernité comme l'époque ou le mode de vie dans lequel la création de l'ordre consiste à démanteler l'ordre « traditionnel », hérité et reçu, où « être » signifie un nouveau commencement perpétuel.

Chaque ordre a son propre désordre. Chaque modèle de pureté a sa propre saleté qu'il lui faut balayer. Mais dans un ordre durable, permanent qui engage le futur et inclut dans ses conditions préalables la prohibition du changement, même les activités de nettoyage et de balayage font partie de l'ordre. Elles font partie de la routine quotidienne et, comme toute routine, elles tendent à être répétées d'une manière monotone, d'une manière totalement habituelle qui rend la réflexion redondante. Ce n'est pas tant la routine de l'élimination de la saleté que la prévention d'*interruptions* occasionnelles et inhabituelles de la routine qui atteint le niveau de la conscience et attire l'attention. Le soin de la pureté ne porte pas tant sur la lutte contre la « saleté primaire » que sur la « méta-saleté », sur le ralentissement ou la négligence de l'effort visant à garder les choses comme elles sont. [...] Toutefois, la situation change dramatiquement lorsque la création de l'ordre signifie la destruction de l'ordre préexistant et son remplacement par un nouveau modèle de pureté. Maintenant, garder la pureté ne peut être réduit au maintien de la routine quotidienne ; pis encore, la routine elle-même a la tendance étrange à se transformer en « saleté » qui doit être éliminée au nom de la nouvelle pureté. [...] On voit ainsi apparaître une nouvelle situation où même les choses qui ont une familiarité ennuyeuse peuvent se transformer rapidement et sans préavis en saleté. Lorsque les modèles de pureté changent trop vite pour que les compétences en purification puissent suivre, plus rien ne semble assuré ; la vie est dominée par l'incertitude et le soupçon.

Nous pouvons faire un pas de plus et dire que « la création de l'ordre » devient maintenant impossible à distinguer de l'annonce d'« anormalités » toujours nouvelles, de l'apparition de lignes de division sans cesse nouvelles, de l'identification et de la mise à part d'« étrangers » toujours nouveaux. Des voisins de la porte d'à côté, qui nous étaient totalement familiers et qui ne posaient aucun problème, sont transformés du jour au lendemain en des étrangers terrifiants dès qu'un nouvel ordre est envisagé. Les règles du jeu changent et les voisins d'hier seront peu enclins à y participer, puisque le nouveau jeu consiste à les éliminer — à « nettoyer le site ». Faire quelque chose au sujet des étrangers devient un élément central dans les préoccupations concernant l'ordre. Les étrangers ne font plus partie de la routine et les façons routinières de maintenir les choses pures ne suffisent plus. Dans un monde constamment en mouvement, l'anxiété qui se condense dans la crainte des étrangers sature la totalité de la vie quotidienne, elle remplit tous les coins et recoins de la condition humaine.

Dans le monde moderne, toujours instable et dont le seul point constant est son hostilité à tout ce qui est constant, la tentation d'arrêter le mouvement, de stopper le changement perpétuel afin de mettre en place un ordre à l'abri de tout changement ultérieur devient si forte qu'il est très difficile d'y résister. Presque toutes les fantaisies modernes d'un « monde meilleur » furent profondément antimodernes en ce qu'elles visualisaient la fin de l'histoire entendue comme un processus de changement. [...] Et comme on pouvait s'y attendre, le monde que décrivaient ces utopies était un monde transparent, un monde où rien de sombre et d'impénétrable ne viendrait bloquer la vision ; un monde où rien ne viendrait gâter l'harmonie ; un monde où tout serait à sa place ; un monde sans « saleté » ; un monde sans étrangers.

Il ne faut pas se surprendre non plus qu'il y ait eu pendant toute la période moderne une corrélation stricte entre l'échelle et le caractère radical de l'« ordre nouveau et final » qu'on a imaginé et qu'on a essayé de mettre en pratique, et la passion avec laquelle on a abordé le « problème des étrangers » ainsi que la sévérité du traitement qu'on leur a réservé. Ce qui était « totalitaire » dans les programmes politiques totalitaires, un phénomène complètement moderne, fut plus que toute autre chose le caractère compréhensif de l'ordre qu'ils promettaient, la détermination à ne rien laisser à la chance, la simplicité des prescriptions pour le nettoyage et la minutie avec laquelle ils ont abordé la tâche d'enlever tout ce qui entrait en collision avec la pureté postulée. [...] Le nazisme et le communisme ont excellé à pousser la tendance totalitaire jusqu'à son extrême radical — en condensant la complexité du problème de la « pureté » sous sa forme moderne dans celui de la pureté de la race, pour le premier, et dans celui de la pureté de la classe, pour le second. Cette tendance totalitaire est également visible sous une forme atténuée dans la tendance de l'État-nation moderne à fonder et à renforcer l'uniformité de la citoyenneté étatique sur l'universalité et le caractère compréhensif de l'appartenance nationale.

[...] la tendance à collectiviser et à centraliser les activités de nettoyage visant à la préservation de la pureté n'est pas éteinte, mais de nos jours, elle tend de plus en plus à être remplacée par des stratégies de déréglementation et de privatisation. D'une part, on note à beaucoup d'endroits une indifférence croissante de l'État à l'égard de sa tâche passée de promouvoir un modèle d'ordre singulier et compréhensif et la sérénité sans précédent avec laquelle la coprésence de plusieurs de ces modèles est acceptée par les pouvoirs en place. D'autre part, on peut discerner le déclin de la « poussée vers l'avant » si centrale dans l'esprit moderne, la relaxation de la guerre moderne d'attrition contre les traditions reçues, le manque d'enthousiasme (et même le ressentiment) à l'égard des schèmes englobants d'un ordre décrété qui promettent de mettre toutes les choses à leur place — et, de fait, l'apparition d'un droit acquis *sui generis* à la poursuite de la diversification, de la sous-détermination et du fouillis (*messiness)* du monde. Un nombre toujours croissant d'hommes et de femmes postmodernes, tout en n'étant pas du tout immunisés contre la crainte de se perdre et si souvent emportés par les vagues récurrentes du « mal du pays », trouvent le caractère ouvert de leur situation suffisamment attrayant pour surmonter leur angoisse de l'incertitude. Ils se délectent dans la poursuite d'expériences nouvelles qui n'ont pas encore été testées, sont prêts à se laisser séduire par les offres d'aventure et, dans l'ensemble, préfèrent des options ouvertes à la fixité des engagements. Dans ce changement d'humeur, ils sont aidés et soutenus par un marché organisé entièrement autour de la demande des consommateurs et ayant un intérêt vital à garder la demande toujours insatisfaite, prévenant ainsi l'ossification des habitudes acquises et fouettant l'appétit des consommateurs pour des sensations toujours plus intenses et des expériences toujours nouvelles.

Georges Balandier a bien résumé les conséquences de ce changement fondamental : « Aujourd'hui, tout se brouille, les frontières se déplacent, les catégories deviennent confuses. Les différences perdent leur encadrement ; elles se démultiplient, elles se trouvent presque à l'état libre, disponibles pour la composition de nouvelles configurations, mouvantes, combinables et manipulables. »

[...]

Et pourtant, comme tout schème de la pureté génère sa propre saleté et chaque ordre génère ses propres étrangers, créant un étranger à son image et à sa mesure, l'étranger est maintenant aussi résistant à la fixation que l'espace social lui-même : « L'Autre se révèle *multiple*, localisable partout, changeant selon les circonstances. »

Faut-il penser que cela augure la fin de la victimisation et du martyre de l'étranger au service de la pureté ? Pas nécessairement, contrairement aux nombreux panégyriques enthousiastes de la tolérance postmoderne, voire du soi-disant amour de la différence. Dans le monde postmoderne des styles et des modèles de vie se faisant librement compétition, il y a encore un test sévère de la pureté que doit passer quiconque fait une demande d'admission : on doit être capable d'être séduit par les possibilités infinies et le renouvellement constant offerts par le marché de consommation, de se réjouir d'avoir la chance de pouvoir revêtir ou abandonner des identités, de passer sa vie dans la chasse incessante de sensations toujours plus intenses et d'expériences toujours plus excitantes. Tout le monde ne peut passer ce test. Ceux qui échouent sont la « saleté » de la pureté postmoderne.

Puisque le critère de la pureté est la capacité de participer au jeu de la consommation, ceux qui sont laissés à l'extérieur comme un « problème », comme la « saleté » dont il faut « disposer », sont les *consommateurs imparfaits*, des gens qui sont incapables de répondre aux séductions du marché de consommation parce qu'il leur manque les ressources requises, des gens incapables d'être des « individus libres », de jouir de la liberté définie comme le choix du consommateur. Ils sont les nouveaux « impurs » qui ne cadrent pas dans le nouveau schème de la pureté. Lorsqu'on les considère du point de vue maintenant dominant du marché de consommation, ils sont redondants, vraiment des « objets qui ne sont pas à leur place ».

Le travail de séparer et d'éliminer ce déchet de la société de consommation est, comme tout le reste dans le monde postmoderne, déréglementé et privatisé. Les centres commerciaux et les supermarchés, les temples du nouveau credo et les stades où on joue le jeu de la consommation bloquent l'entrée aux consommateurs imparfaits à leurs propres frais, s'entourant de caméras de surveillance, d'alarmes électroniques et de gardiens armés jusqu'aux dents ; il en est de même pour les quartiers où les consommateurs heureux jouissent de leur nouvelle liberté ; et les consommateurs eux-mêmes en sont venus à considérer leur demeure et leur voiture comme les remparts d'une forteresse assiégée en permanence.

Ces préoccupations déréglementées, privatisées et diffuses visant la protection de la pureté de la vie des consommateurs se concentrent en deux demandes contradictoires, mais qui se renforcent mutuellement, à l'endroit de l'État. L'une est celle de libéraliser encore davantage : privatiser l'utilisation des ressources en éliminant l'intervention collective dans les affaires privées, en démantelant les contraintes politiquement imposées, en réduisant les taxes et les dépenses publiques. L'autre est de traiter plus énergiquement les conséquences de la première : émergeant dans le discours public sous le nom de « loi et ordre », cette demande concerne la prévention de la protestation également déréglementée et privatisée des victimes de la déréglementation et de la privatisation. Ceux que l'expansion de la liberté de consommer a privés des compétences et des pouvoirs du consommateur doivent être surveillés et gardés à distance. Comme ils drainent les fonds publics et, donc, l'argent des contribuables et leur liberté de consommateur, ils doivent être surveillés et gardés à distance au moindre coût possible. Si l'élimination des déchets est moins coûteuse que le recyclage, il faut lui donner la priorité. S'il est moins coûteux d'exclure et d'incarcérer les consommateurs imparfaits pour les empêcher de commettre des délits, alors cela est préférable à la restauration de leur statut de consommateur par des politiques d'emploi combinées à des fonds pour le bien-être social. Et même les formes d'exclusion et d'incarcération doivent être « rationalisées », de préférence en les soumettant à la discipline sévère de la compétition du marché : que l'offre la plus basse gagne.

Dans son étude percutante des formes que prend aujourd'hui « la défense de la loi et l'ordre » dans les pays prospères, Nils Christi dresse une image cauchemardesque de ce que les tendances actuelles pourraient produire si on ne fait rien pour les arrêter :

Il n'y a pas de limites naturelles. L'industrie est là. La capacité est là. Les deux tiers de la population auront un niveau de vie beaucoup au-dessus de celui qu'on pourra trouver ailleurs dans le monde pour une proportion aussi large d'une nation. Les médias de masse prospèrent en réalisant des reportages sur les dangers des crimes commis par l'autre tiers de la population. Les gouvernants sont élus sur des promesses de garder ce tiers dangereux derrière les barreaux. Pourquoi cela s'arrêterait-il ? Il n'y a pas de limite naturelle pour les esprits rationnels.

Le pire cauchemar ne deviendra jamais réalité. La population dangereuse ne sera pas exterminée, sauf ceux qui subiront la peine de mort. Mais on rique fort que ceux qui sont considérés comme le noyau dur de la population dangereuse soient confinés, entreposés, écartés et forcés de vivre leurs années les plus actives comme consommateurs de contrôle. Cela peut se faire démocratiquement, et sous le contrôle strict des institutions légales.

[...] Le souci contemporain de la pureté de la jouissance postmoderne s'exprime dans la tendance toujours plus prononcée à criminaliser ses problèmes produits socialement[2].

Que chaque ordre tende à criminaliser la résistance qu'on lui oppose et à qualifier de hors-la-loi ses ennemis supposés ou véritables est évident au point d'être trivial. Mais ce qui l'est moins et semble se dégager de notre bref survol des formes que la poursuite de la pureté a prises dans les temps modernes et postmodernes, c'est que l'objet d'une poussée particulièrement intense et zélée d'activités de mise hors de la loi sont les conséquences radicales des principes constitutifs propres à l'ordre. La modernité vivait dans un état de guerre permanente contre la tradition, légitimée par la volonté de collectiviser la destinée humaine à un niveau nouveau et supérieur, de substituer un ordre nouveau, supérieur à l'ordre ancien, fatigué, dépassé. Elle devait donc se purifier de ceux qui menaçaient de tourner son irrévérence intrinsèque contre ses propres principes. Les *révolutionnaires* que la modernité ne pouvait pas ne pas générer

---

2. Il y a des recoupements intéressants entre la thèse de Bauman et les analyses de Rajni Kothari (1998) sur les dérives inquiétantes de la politique indienne au cours des dernières décennies. Kothari établit un lien entre, d'une part, la globalisation des marchés, la déréglementation et l'affaiblissement de la démocratie au profit du recours aux experts et, d'autre part, la montée du nationalisme hindou, la tendance à abandonner les plus pauvres à leur sort et la criminalisation de la vie politique indienne.

constituèrent l'une des «impuretés» les plus frustrantes de la version moderne de la pureté; les révolutionnaires n'étaient, après tout, que les zélotes de la modernité, les croyants les plus fidèles aux dogmes de la nouvelle révélation, impatients de tirer les leçons les plus radicales du message et de pousser l'effort de création d'ordre au-delà de ce que les mécanismes de création d'ordre étaient capables de supporter. La postmodernité, par ailleurs, vit dans un état de pression permanente visant à démanteler toute interférence collective dans le destin individuel, à étendre la déréglementation et la privatisation. Elle tend à se fortifier contre ceux qui — suivant sa tendance inhérente au désengagement, à l'indifférence et au chacun pour soi — menacent de faire apparaître le potentiel suicidaire de la stratégie en poussant sa mise en œuvre jusqu'à ses limites logiques. L'«impureté» la plus nocive de la version postmoderne de la pureté n'est pas constituée par les révolutionnaires, mais par ceux qui ne respectent pas la loi ou la prennent dans leurs propres mains — les agresseurs, les voleurs, qu'ils s'adonnent au vol d'autos ou au vol à l'étalage, et leurs *alter ego,* les «vigilantes» et les terroristes. Encore une fois, ils sont les zélotes de la postmodernité, disciples avides et croyants pieux en la révélation postmoderne, impatients d'amener à leur conclusion radicale les recettes de vie que suggère la leçon.

La poursuite de la pureté moderne s'exprimait dans les actions punitives quotidiennes contre les classes dangereuses; la poursuite de la pureté postmoderne s'exprime quotidiennement dans l'action punitive contre les résidants des rues minables et des quartiers urbains à éviter, les fainéants et les vagabonds. Dans les deux cas, l'«impureté» ciblée par l'action punitive est l'extrémité de la forme promue comme pure; l'extension à la limite de ce qui aurait dû mais n'a pas pu être gardé dans les limites; le déchet qui n'est qu'une mutation disqualifiée du produit qui passait pour satisfaire aux standards (p. 10-16).

Cette utilisation de la théorie de la pureté de Mary Douglas pour décrire les formes nouvelles d'exclusion qui caractérisent la situation générale des sociétés avancées en cette fin de siècle apparaîtra sans doute à plusieurs comme un peu trop globale pour être totalement convaincante. Mais elle fournit une grille de lecture qui jette un éclairage neuf sur plusieurs phénomènes inquiétants de notre époque. Dans le deuxième chapitre de son livre, Bauman cherche à montrer que la diversité culturelle n'a pas la même signification selon que l'on fait ou non partie de la catégorie des bons consommateurs. D'après lui, le monde post-moderne est caractérisé par une insécurité permanente et irréductible. Il règne partout une atmosphère de crainte dont plusieurs facteurs sont responsables :

- le nouveau désordre mondial ;
- la déréglementation universelle ;
- l'effondrement de la famille et du quartier ;
- le message diffusé par les médias de la radicale indétermination et malléabilité (*softness*) du monde (p. 20-25).

Dans le contexte postmoderne, le cadre dans lequel les hommes et les femmes doivent définir leur identité change tellement vite qu'il peut devenir encombrant d'avoir une identité forte. Ils doivent donc vivre en permanence avec un problème d'identité non résolu. Cette situation a un impact sur la perception des « étrangers ». Pour décrire cet impact, Bauman utilise la catégorie du « visqueux », cette forme de liquide qui est beaucoup moins docile qu'il en a l'air et dont J.-P. Sartre décrit très bien les caractéristiques :

C'est seulement au moment où je pense le posséder que je m'aperçois dans un renversement curieux que c'est lui qui me possède... Si un objet que je tiens dans ma main est solide, je peux le laisser aller quand cela me plaît ; son inertie est pour moi le symbole de mon pouvoir total... Et c'est ici que le visqueux vient inverser la situation... Je suis soudain compromis. J'ouvre les mains, je veux le laisser aller, mais il colle à moi, il me tire, me suce... Je ne suis plus le maître... Le visqueux est comme le liquide qu'on voit dans un cauchemar, lorsque ses qualités sont animées d'une sorte de vie et qu'il se retourne contre moi.

Si je plonge dans l'eau, si je m'enfonce en elle et me laisse couler, je n'éprouve aucun inconfort, car je ne crains aucunement de me dissoudre en elle. Je demeure solide dans sa liquidité. Mais si je tombe dans le visqueux, je sens que je vais m'y perdre... Toucher le visqueux, c'est risquer de s'y dissoudre (p. 26-27).

La perception que l'on a du visqueux est liée à la perte de la liberté. Mais contrairement au visqueux, la liberté est une relation de pouvoir. Je ne mesure ma liberté qu'en relation avec la capacité des autres de faire ce qu'ils veulent. En conséquence, le caractère visqueux d'une substance (et des gens) est fonction de mes propres habiletés et ressources. Ce qui pourra paraître visqueux à certains apparaîtra comme de l'eau fraîche à d'autres. D'après Bauman, l'expérience que l'on fait de l'étranger se rapproche de celle de l'eau et du visqueux selon que l'on est ou non un bon consommateur.

S'il en est ainsi, le même principe de relativité qui règle la constitution du « visqueux » règle la constitution d'étrangers qui doivent être l'objet de ressentiment : l'acuité de l'étrangeté et l'acuité du ressentiment s'accroissent avec l'impuissance relative et diminuent avec la croissance de la liberté relative. On peut s'attendre à ce que moins les gens contrôlent et peuvent contrôler leur vie et l'identité qui la fonde, plus ils percevront les autres comme visqueux et plus ils chercheront désespérément à se désengager et à se dégager des étrangers qu'ils perçoivent comme une substance enveloppante, suffocante, oppressante et sans forme. Dans la cité postmoderne, les étrangers signifient une chose bien différente pour ceux pour qui les « zones à éviter » (les rues mal famées et les districts durs) signifient « Je n'entrerai pas » et pour ceux pour qui elles signifient « Je ne peux pas en sortir ».

Pour certains résidants de la cité moderne, en sécurité dans leurs maisons à l'épreuve des voleurs dans des banlieues verdoyantes, dans leurs bureaux fortifiés des centres des affaires où la police patrouille sans cesse et dans leurs voitures équipées de gadgets de sécurité pour les amener de leur maison à leur bureau et pour les ramener à la maison, l'« étranger » n'est pas du tout visqueux et il peut représenter une expérience aussi plaisante que la plage et le surf. Les étrangers possèdent des restaurants qui promettent des expériences nouvelles et excitantes pour les papilles gustatives, vendent des objets mystérieux qui ont l'air curieux et qui feront l'objet des conversations lors de la prochaine réception, offrent des services que personne ne s'abaisserait à offrir ou ne daignerait offrir, font miroiter des morceaux de sagesse qui diffèrent d'une manière rafraîchissante des offres routinières et ennuyeuses qui sont faites dans ce domaine. Les étrangers sont des gens que vous payez pour les services qu'ils rendent et pour le droit d'y mettre un terme dès qu'ils ne vous apportent plus de plaisir. En aucun temps, les étrangers ne compromettent la liberté du consommateur de leurs services. Tout comme le touriste, le patron et le client, le consommateur de services est toujours en charge : c'est lui ou elle qui demande, établit les règles et, par-dessus tout, décide du moment où débute et se termine la rencontre. Sans aucune ambiguïté, les étrangers sont des fournisseurs de plaisirs. Leur présence est un répit dans la lourdeur du quotidien. Il faudrait remercier Dieu qu'ils soient là. Alors, pourquoi tout ce tumulte et ce tollé à leur sujet?

Ils proviennent, ne nous trompons pas, des autres secteurs de la cité que les consommateurs à la recherche du plaisir ne visitent jamais et ne songeraient pas à habiter. Ces quartiers sont peuplés de gens incapables de choisir qui ils rencontrent, de décider de la longueur de la rencontre ou de payer pour faire respecter leurs choix; ce sont des gens impuissants pour qui l'expérience du monde est celle d'un piège et non d'un parc d'aventures; ils sont incarcérés dans un territoire qui n'a pas d'issue pour eux, mais où les autres peuvent entrer et sortir comme ils le veulent. Puisque la seule monnaie qui a cours dans la société de consommation est rare ou leur est complètement inaccessible, ils doivent se rabattre sur la seule ressource qu'ils possèdent en quantité suffisante pour impressionner: Ils défendent leur territoire assiégé (j'utilise ici la description juteuse de Dick Hebdidge) au moyen de « rituels, en s'habillant d'une manière étrange, en adoptant des attitudes bizarres, en enfreignant les règles, en brisant des bouteilles, des fenêtres, des têtes et en proclamant des défis rhétoriques à la loi ». Ils réagissent d'une manière sauvage, enragée, égarée et agitée, comme on réagit au pouvoir paralysant d'attraction/dissolution du visqueux. La viscosité des étrangers, répétons-le, est le reflet de leur propre impuissance. C'est leur propre manque de pouvoir qui se cristallise à leurs yeux comme le pouvoir étrange des étrangers.

[...]

Rien ne provoque une action aussi frénétique, licencieuse et désordonnée que la peur de la dissolution (*dissembly*) de l'ordre qui s'incarne dans la figure du visqueux. Mais il y a une grande énergie qui bout dans ce chaos; il est possible, avec un peu d'habileté et de ruse, de donner une direction à ce dérèglement. La peur du visqueux, un résidu de l'impuissance, est toujours une arme tentante qui peut s'ajouter à l'armurerie des assoiffés de pouvoir. Certains d'entre eux proviennent des rangs de ceux qui sont effrayés. Ils peuvent utiliser les montagnes de peurs et de craintes accumulées pour gravir les murs du ghetto et s'en échapper ou, comme le suggère avec humour Erving Goffman, pour transformer leur béquille en bâton. Ils peuvent chercher à condenser en un assaut contre les étrangers également faibles le ressentiment diffus des faibles, utilisant ainsi la peur et la colère pour établir les fondements de leur propre pouvoir, aussi tyrannique et intolérant que les pouvoirs en place, tout en prétendant défendre les faibles contre leurs oppresseurs. Mais il y a d'autres assoiffés de pouvoir qui sont aussi attirés. On n'a, après tout, qu'à franchir quelques milles en voiture pour remplir le réservoir vide du nationalisme de carburant raciste. Il n'est pas nécessaire d'être un grand navigateur pour gonfler les voiles du nationalisme de la haine raciste et pour enrôler les impuissants au service des assoiffés de pouvoir. Tout ce qu'il y a à faire, c'est de leur rappeler le caractère visqueux des étrangers (p. 30).

Conclusion

La question du lien entre inégalités sociales et racisme continuera sans doute à occuper une place centrale dans les débats contemporains sur le racisme et sur les moyens de l'atténuer. On peut en voir un exemple aux États-Unis dans le débat soulevé par la publication d'un ouvrage très controversé qui établit un lien entre le quotient intellectuel et la classe sociale (Herrnstein et Murrray, 1994[3]). S'il faut en croire Bauman, la postmodernité produit des formes de domination et d'exclusion où l'élément central n'est plus l'appartenance ethnique et religieuse ou la couleur de la peau, mais l'appartenance à une catégorie sociale, celle des consommateurs «imparfaits». Il serait sans doute abusif de réduire les formes contemporaines de racisme à cette seule dimension, mais on est forcé d'admettre qu'il s'agit d'une dimension importante et que les stratégies antiracistes, en éducation ou ailleurs, doivent la prendre en compte. Ainsi, on ne peut certainement pas utiliser les mêmes stratégies pour combattre les attitudes racistes de ceux et celles qui entrent dans la catégorie des bons consommateurs et de ceux et celles qui vivent la présence des immigrants et la diversité culturelle comme une menace «visqueuse» de dissolution de leur identité.

---

3. Pour une critique vigoureuse de cet ouvrage, voir Kincheloe et Steinberg (1997), p. 183-194.

Conclusion

La formation interculturelle dans les milieux culturellement peu diversifiés

LA vision de la formation interculturelle en éducation présentée dans cet ouvrage aborde plusieurs questions qui sont d'un grand intérêt pour tous les enseignants, et non seulement pour ceux des écoles multiethniques des centres urbains. On peut néanmoins comprendre que dans les milieux culturellement peu diversifiés, il soit plus difficile de percevoir la pertinence d'une formation dans ce domaine que dans ceux où la diversité ethnoculturelle et religieuse fait partie de la réalité quotidienne. La demande de formation en provenance des premiers milieux sera vraisemblablement faible, à moins que des conditions spéciales ne viennent modifier la perception des éducateurs. Dans le contexte québécois, deux événements me semblent susceptibles de créer ce type de conditions : la publication en 1998 par le ministère de l'Éducation du Québec d'une politique d'intégration scolaire et d'éducation interculturelle et le lancement en septembre 2000 d'une vaste réforme de l'éducation. En conclusion de cet ouvrage, je tenterai d'évaluer l'impact prévisible de ces initiatives gouvernementales sur la perception par les enseignants des milieux culturellement peu diversifiés, de l'importance d'une formation interculturelle.

La politique d'éducation interculturelle du Québec

La politique d'intégration scolaire et d'éducation interculturelle et le plan d'action 1998-2000 qui l'accompagne comprennent deux volets distincts : un volet qui s'adresse aux écoles qui reçoivent des élèves immigrés et qui ont pour mission de leur fournir les outils dont ils ont besoin pour s'intégrer harmonieusement dans la société québécoise ; un volet qui s'adresse à toutes les écoles pour qu'elles créent les conditions générales qui feront du Québec une société ouverte à la diversité culturelle et à l'apport de l'immigration au patrimoine culturel collectif. Je me limiterai ici au second volet.

La politique insiste sur la valorisation du français, « langue commune de la vie publique et véhicule de culture », et sur la participation de tous les élèves à l'enrichissement du patrimoine collectif. L'ouverture à la diversité ethnoculturelle, linguistique et religieuse est présentée comme une composante importante de ce patrimoine collectif et comme une des valeurs communes qui doivent se refléter dans les contenus des programmes d'études et dans l'ensemble de la vie scolaire. Plusieurs programmes sont identifiés comme devant faire l'objet d'une attention spéciale pour la réalisation de cet objectif : l'éducation à la citoyenneté, l'apprentissage d'une troisième langue, l'introduction aux cultures religieuses, le français langue maternelle et langue seconde, l'anglais langue maternelle et langue seconde, l'histoire nationale, la connaissance du monde contemporain, les arts et les sciences.

Il s'agit d'une politique très ambitieuse, comme on peut le constater à la lecture des propositions qui sont avancées concernant deux programmes qui ne figurent pas encore à l'horaire des écoles primaires et secondaires du Québec :

> *Éducation à la citoyenneté* — L'éducation à la citoyenneté, composante de la mission globale de l'école démocratique, peut être légitimée par trois raisons fondamentales : offrir à chaque personne, dans un esprit d'égalité des chances, les moyens qui conduisent à son épanouissement personnel et à la meilleure intégration sociale possible : éviter le repli sur soi ainsi que la marginalisation et l'exclusion pour en arriver à proposer un débat démocratique sur les repères à construire dans une société de droit ; reconnaître l'égalité en

droit, la justice sociale et le droit à la sécurité comme les fondements essentiels de toute société démocratique.

Cette éducation s'appuie sur la connaissance des règles de vie communes, sur la compréhension des relations entre les personnes et sur les rapports avec l'environnement. Elle est un outil de plus à la connaissance des uns et des autres, à l'acceptation de la diversité et à l'harmonisation de la vie dans l'établissement d'enseignement, objectifs partagés avec l'éducation interculturelle. Éduquer à la citoyenneté, c'est aussi permettre l'exercice de la citoyenneté dans le contexte scolaire pour mieux préparer l'élève à participer activement aux institutions démocratiques de la société en général.

Le Ministère rendra obligatoire dès le deuxième cycle du primaire un cours d'histoire et d'éducation à la citoyenneté qui se poursuivra jusqu'en quatrième secondaire. Il déterminera également des compétences à développer chez les élèves pour favoriser des rapports interpersonnels et sociaux harmonieux, susciter leur participation aux activités de leur milieu et cultiver leur sens critique.

Introduction aux cultures religieuses — Le ministère de l'Éducation pourrait concevoir une introduction aux cultures religieuses, qui prendrait en considération les religions chrétiennes et amérindiennes ayant façonné le Québec et les autres religions à portée mondiale pratiquées au Québec. Cette approche permettrait d'incarner cet enseignement dans les traditions bien réelles dont sont issus les élèves, leurs parents ainsi que leurs familles élargies. En outre, elle inciterait vraisemblablement les élèves de confessions religieuses différentes à amorcer entre eux un dialogue sur leurs représentations du fait religieux et la place que tient celui-ci dans les sociétés contemporaines (Ministère de l'Éducation du Québec, *Une école d'avenir*, 1998, p. 30-31).

La politique souligne d'une manière très explicite que les orientations proposées dans le cadre de ce second volet concernent tous les élèves et non seulement ceux qui sont issus de l'immigration ou qui appartiennent à des minorités ethniques ou religieuses :

Les orientations qui suivent sont axées sur l'éducation interculturelle, le savoir-vivre ensemble, et concernent tous les élèves du système scolaire, qu'ils ou qu'elles soient nés au Québec ou non, francophones, anglophones ou autochtones. En effet, la maîtrise et l'usage du français, langue commune de la vie publique, la formation et l'adhésion aux valeurs communes de même que l'acquisition de compétences pour participer activement au développement de la société québécoise démocratique et pluraliste représentent de grandes visées qui s'appliquent à tous les groupes d'élèves. Quant à l'orientation liée à la formation interculturelle du personnel scolaire, elle vise particulièrement, en bout de ligne, l'adaptation des pratiques pédagogiques utilisées avec l'ensemble des élèves, dans les milieux pluriethniques comme dans ceux qui ne sont pas ou qui sont peu caractérisés par la pluriethnicité (Ministère de l'Éducation du Québec, *Une école d'avenir*, 1998, p. 26-27).

Le gouvernement du Québec envoie ainsi un message très clair à tous les enseignants, même à ceux des milieux culturellement peu diversifiés : ils doivent se sentir concernés par l'éducation interculturelle. Cela signifie qu'ils doivent se donner une formation qui les rende aptes à participer avec créativité et imagination à l'atteinte des objectifs ambitieux de cette politique.

Les enseignants et les enseignantes de même que les autres membres des établissements d'enseignement jouent un rôle capital dans l'implantation et la réussite de tout projet du milieu scolaire. Ces personnes constituent le moteur d'un processus de scolarisation et de formation réussi, et leur collaboration est essentielle à la mise en œuvre de la présente politique.

[...]

Il est essentiel que le personnel des établissements d'enseignement soit formé pour relever les défis éducatifs liés d'une part, à la diversité ethnoculturelle, linguistique et religieuse des effectifs et, d'autre part à la nécessaire socialisation commune de l'ensemble des élèves. Cette orientation concerne non seulement le personnel enseignant, mais aussi les autres catégories de personnel des écoles, des centres d'éducation des adultes et de formation professionnelle, ainsi que des collèges, et ce, dans toutes les régions du Québec. Tout ce personnel doit avoir les connaissances, les habiletés et les attitudes appropriées pour relever ces défis éducatifs

Par ailleurs, étant donné que l'intégration, dans la classe ordinaire, des élèves nouvellement arrivés requiert que toutes les enseignantes et tous les enseignants, ainsi que les autres membres du personnel, deviennent responsables de l'intégration de ces élèves, il est important que toutes et tous soient formés à cette fin.

Il faut donc développer chez tout le personnel : des attitudes d'ouverture à la diversité ; des habiletés pédagogiques pour travailler en milieu pluriethnique ; des compétences pour résoudre efficacement les conflits de normes et de pratiques ; des connaissances dans l'enseignement d'une langue seconde et d'une langue d'enseignement, pour adapter cet enseignement au cheminement de l'élève ; des habiletés à transmettre des valeurs et des connaissances relatives au patrimoine québécois et à communiquer, quand le cas se présente, avec les parents allophones qui n'ont pas les mêmes valeurs éducatives, les mêmes coutumes ; des compétences pour inclure le pluralisme dans le projet éducatif, etc. La formation à ces différents aspects tiendra compte des orientations de la présente politique (p. 35).

La politique québécoise d'intégration sociale et d'éducation interculturelle présente ainsi une vision intégrée des défis éducatifs de l'intégration des élèves issus de l'immigration et des minorités ethniques et religieuses et de ceux de l'adaptation du système d'éducation aux transformations de la société québécoise à la suite de la venue en son sein d'immigrants d'origines de plus en plus diversifiées. Ces deux préoccupations font maintenant partie du plan d'action du ministère de l'Éducation et devraient se refléter dans la réforme en cours des programmes d'études et dans le matériel didactique.

Dans la foulée de la révision des programmes d'études de la formation générale et de la formation professionnelle, le ministère de l'Éducation veillera à y inclure les objectifs suivants : le renforcement du sentiment d'appartenance chez les élèves immigrants ou nés de parents immigrants ; la reconnaissance du caractère francophone de la société québécoise ; l'adhésion aux valeurs civiques communes et la prise en considération du pluralisme ethnoculturel.

Le ministère de l'Éducation continuera d'exiger des maisons d'édition qu'elles poursuivent leurs efforts d'ouverture à la diversité dans l'élaboration des contenus du matériel didactique (MEQ, 1998, *Plan d'action*, p. 9).

Il faut se réjouir que le ministère de l'Éducation se soit engagé à veiller à la mise en œuvre de sa politique d'éducation interculturelle dans l'ensemble des programmes d'études On peut toutefois se demander si les moyens proposés pour le perfectionnement des maîtres sont suffisants pour que cette politique aient un impact réel sur la perception qu'ont les enseignants de l'importance d'une telle formation dans des milieux relativement peu diversifiés culturellement. Le plan d'action prévoit deux moyens pour favoriser le perfectionnement continu du personnel enseignant :

> Le ministère de l'Éducation invitera les universités à proposer une offre de services de formation continue qui permettra au personnel enseignant en fonction d'acquérir les mêmes compétences que celles qui seront acquises et développées au cours de la formation initiale des maîtres.

> Le ministère de l'Éducation, dans le cadre de la politique de formation continue du personnel scolaire, participera à la définition des besoins en matière de formation afin d'établir un réseau régional de perfectionnement par les pairs[1] (MEQ, Plan d'action, 1998, p. 12).

Les universités offrent déjà des programmes de perfectionnement en formation interculturelle, mais ils ont tous connu une diminution de la clientèle au cours des dernières années. La réduction sévère des dépenses en éducation, particulièrement en perfectionnement continu du personnel scolaire, et l'alourdissement de la tâche des enseignants sont sans doute des facteurs déterminants de cette situation. Par ailleurs, la dernière convention collective signée par les enseignants diminue sensiblement les avantages financiers liés à l'obtention de diplômes d'études supérieures. De plus, l'hégémonie grandissante du discours sur la citoyenneté et l'éducation à la citoyenneté a également pu contribuer à créer l'impression que l'éducation intercuturelle était « passée de mode » et qu'il n'était pas nécessaire de se former dans ce domaine (Ouellet, Charbonneau et Ghosh, 2000, p. 366). Enfin, le cadre budgétaire actuel favorise des formations courtes et non créditées offertes par des firmes privées pour répondre à des problèmes ponctuels liés directement à la pratique pédagogique.

Dans un tel contexte, si le ministère de l'Éducation souhaite que les universités et le monde de l'éducation travaillent

---

1. Il est difficile de comprendre comment un gouvernement qui a inclus ce moyen dans son plan d'action de 1998 n'a pu empêcher la fermeture en juin 2000 du Centre d'éducation interculturelle et de compréhension internationale (CEICI) dont la mission correspondait exactement à ce que propose ici le ministère de l'Éducation. Ce centre a accompli un travail remarquable au cours des dernières années et il faut espérer qu'un contexte budgétaire plus favorable permettra de sauver l'expertise qui s'y était développée.

ensemble à l'implantation de sa politique d'éducation interculturelle, il ne pourra pas se contenter de les appeler à faire des offres
de perfectionnement. Il devra créer des programmes qui permettront à un certain nombre d'enseignants intéressés à jouer un rôle
actif dans leur milieu, de prendre des congés d'études et de
s'engager dans des projets centrés sur des problématiques spécifiques liées à la mise en œuvre de la politique d'éducation interculturelle dans la réforme de l'éducation et à la révision des
programmes d'études. Sans des mesures de ce genre, on voit
mal comment une collaboration fructueuse pourra s'établir dans
ce domaine entre l'école et l'université, quel que soit le degré de
diversité ethnoculturelle et religieuse du milieu.

La réforme de l'éducation

Pour avoir une idée plus précise de la forme concrète que pourrait prendre une telle collaboration, il faut fournir quelques indications sur les principaux enjeux de la réforme de l'éducation qui
s'amorce présentement au Québec, en particulier sur ceux qui
ont des liens avec la politique d'éducation interculturelle. Le
journal *La Presse* présentait récemment une excellente synthèse
des principales lignes directrices de la réforme de l'éducation :

> On passe d'un enseignement « par objectifs » à un enseignement
> « par compétence ». L'enfant joue un rôle beaucoup plus actif dans
> le processus d'apprentissage avec l'aide des enseignants, qui sont
> appelés à jouer un « rôle de soutien » en plaçant les enfants dans
> des situations complexes semblables à celles rencontrées dans la
> « vraie » vie.
>
> 1. Les études de niveau primaire sont désormais divisées en
>   trois cycles de deux ans. Cette approche, qui s'appliquera
>   aussi au secondaire, ouvre la porte à diverses formules. Un
>   enseignant peut suivre un groupe d'élèves pendant deux ans
>   ou encore chapeauter une classe « multiprogramme » regrou-
>   pant des élèves d'âges différents.
>
> 2. Les nouveaux programmes doivent normalement s'appli-
>   quer dès la rentrée à la maternelle ainsi qu'au premier cycle
>   du primaire, à l'échelle de la province. Le calendrier
>   d'implantation prévoit leur introduction graduelle aux autres
>   niveaux jusqu'en 2005.

3. En matière d'évaluation, on privilégiera, du moins au niveau primaire, une approche qualitative plutôt que quantitative. Il s'agit notamment d'identifier avec plus de précision les lacunes et les progrès de l'enfant pour pouvoir en faire un véritable outil pédagogique.

4. La grille-horaire est remaniée de manière à favoriser les matières de base comme le français, les mathématiques, l'histoire et les sciences.

5. Le Ministère a défini une liste de «compétences transversales» et de «compétences relatives aux domaines d'expérience de vie — exploiter adéquatement l'information, exercer un jugement critique, communiquer de façon claire, etc. — dont le développement devra être favorisé par tous les programmes d'études.

6. La pédagogie par projet, qui permet de traiter une foule de sujets à partir d'une activité donnée, comme une visite à l'érablière, est particulièrement adaptée à ces objectifs, mais une grande latitude est laissée aux écoles dans la réforme pour définir la «formule la plus appropriée pour leurs élèves» (*La Presse*, 29 août 2000, p. A4).

Deux grands objectifs sont sous-jacents à toutes ces mesures : enrichir le contenu culturel de la formation primaire et secondaire et diminuer le taux d'échec scolaire. Une partie importante de ces mesures (approche par compétence, pédagogie active, pédagogie par projet) visent un renouvellement de la pédagogie de manière à rendre l'école plus intéressante pour l'ensemble des élèves, tandis que plusieurs autres portent sur le contenu des programmes. Dans certains cas, il s'agit d'augmenter le nombre de périodes consacrées à certains programmes, le français et l'histoire en particulier. Dans d'autres cas, il s'agit de créer de toutes pièces de nouveaux programmes (éducation à la citoyenneté, éthique et culture religieuse).

Trois nouveaux chantiers ciblés par la réforme de l'éducation me paraissent constituer des lieux privilégiés pour une collaboration entre l'école et l'université pour la mise en œuvre de la politique d'éducation interculturelle du gouvernement québécois : l'apprentissage en coopération et l'instruction complexe ; l'éducation à la citoyenneté ; et le programme d'éthique et de culture religieuse. Ces chantiers offrent une occasion à ne pas manquer d'amener les écoles des milieux culturellement peu diversifiés à se sentir concernées par la formation interculturelle.

Nous avons vu plus haut que les stratégies de l'instruction complexe développées par E. Cohen constituent une approche particulièrement efficace pour concilier les trois préoccupations/ valeurs centrales de tout projet d'éducation interculturelle : l'ouverture à la diversité ; la recherche de l'égalité et de l'équité ; et la cohésion sociale. Il y a un lien évident entre cette approche et plusieurs aspects de la réforme de l'éducation mise en avant par le ministère de l'Éducation du Québec : pédagogie par compétence, pédagogie active et pédagogie par projet. Dans les deux cas, on cherche à rendre l'école plus attrayante pour les élèves et à favoriser la réussite. Les recherches sur l'instruction complexe menées à l'Université Stanford ont démontré que cette approche donne des résultats surprenants si elle est bien implantée. Mais elles ont également démontré qu'elle est très difficile à mettre en œuvre d'une manière efficace. Il ne suffit pas d'encourager les enseignants à favoriser le travail de groupe et la pédagogie par projet. Il faut leur apprendre à préparer leurs élèves à travailler en coopération et à déléguer l'autorité. Cela est très difficile pour un enseignant habitué à une gestion centralisée de tout ce qui se passe dans sa classe. Le passage du travail d'équipe à l'apprentissage en coopération suppose une formation spécifique, un appui de la direction et une supervision par des enseignants qui ont de l'expérience. Nous avons aussi vu que les recherches d'Elizabeth Cohen ont démontré que l'apprentissage en coopération ne suffit pas à créer des conditions d'équité dans la classe et à favoriser la réussite des élèves les plus faibles. Les enseignants doivent en outre apprendre à gérer les problèmes de statut qui surgissent inévitablement dans les groupes qui travaillent en coopération. Ici encore, la mise en œuvre des stratégies d'égalisation des statuts proposées par Cohen suppose une formation spécifique et le soutien d'enseignants expérimentés (Cohen, 2000).

Tout cela m'amène à être très inquiet devant l'écart qui existe entre le caractère très ambitieux des objectifs de la réforme de l'éducation amorcée par le ministère de l'Éducation du Québec et la faiblesse des moyens proposés pour atteindre ces objectifs. À la lumière des recherches menées par Cohen et son équipe, on a de bonnes raisons de douter de l'efficacité de l'approche par compétence et de la pédagogie par projet pour améliorer d'une manière importante les résultats scolaires des élèves les plus faibles. Pour que la réforme atteigne son objectif principal, la réussite pour tous, il faut investir massivement dans l'apprentissage en coopération et l'instruction complexe. Si on ne fournit pas aux enseignants le soutien leur permettant de maîtriser les stratégies nécessaires à cet apprentissage, on risque de constater dans quelques années l'échec de la pédagogie par compétence et de la pédagogie par projet. Au lieu d'investir énergies et ressources dans l'implantation des stratégies de l'apprentissage en coopération et de l'instruction complexe, dont l'efficacité pour assurer la réussite scolaire de tous les élèves a été démontrée par des recherches sérieuses, on risque ainsi de discréditer ces stratégies au profit des nouvelles approches à la mode.

Pour éviter ce désastre, il y aurait lieu, je crois, de mettre sur pied un premier projet de recherche-action dont l'un des objectifs serait de créer un groupe formé d'enseignants qui auraient une maîtrise suffisante des stratégies de l'apprentissage en coopération et de l'instruction complexe pour pouvoir apporter un soutien efficace à leurs collègues désireux de s'initier à ces nouvelles approches pédagogiques. Ils pourraient également être associés à la préparation de matériel pédagogique qui pourrait être utilisé dans les divers programmes d'études. Le matériel ferait l'objet d'une expérimentation contrôlée sous la direction d'une équipe regroupant des chercheurs universitaires et des enseignants possédant une bonne expérience de l'apprentissage en coopération et de l'instruction complexe. L'expérimentation pourrait faire l'objet d'une évaluation systématique par des chercheurs indépendants. On aurait ainsi de meilleures chances de voir s'implanter progressivement dans les écoles du Québec, tant dans les milieux à faible diversité ethnique que dans les centres urbains multiethniques, une forme de pédagogie par compétence, de pédagogie active et de pédagogie par projet qui favoriserait la réussite de tous les élèves.

Deux autres chantiers ouverts par la réforme de l'éducation ont également une pertinence évidente sur l'implantation de la politique québécoise d'éducation interculturelle dans les milieux culturellement peu diversifiés : la création d'un nouveau programme d'éducation à la citoyenneté au primaire et au secondaire et d'un nouveau programme d'éthique et de culture religieuse au secondaire. Alors que l'instruction complexe met l'accent sur l'équité et l'égalité, la création de ces deux nouveaux programmes peut être rattachée plus particulièrement aux deux autres préoccupations/valeurs qui sont au centre de tout projet d'éducation interculturelle : la cohésion sociale dans le cas de l'éducation à la citoyenneté et l'ouverture à la diversité dans celui de la culture religieuse.

Au terme de cette discussion, il apparaît clairement qu'une formation interculturelle entendue comme la recherche d'un équilibre entre les préoccupations/valeurs d'ouverture à la diversité, d'équité et d'égalité et de cohésion sociale concerne autant les écoles des milieux culturellement peu diversifiés que celles à forte concentration ethnique. Le modèle de formation interculturelle qui a été présenté ici est de nature à apporter à tous les enseignants, quelle que soit l'importance de la diversité culturelle dans leur école, un complément de formation qui les aidera à bien préparer les futurs citoyens d'une société où la diversité culturelle et religieuse sera une réalité incontournable.

Annexe

La construction sociale de l'équité dans les classes[*]

Elizabeth Cohen
Traduction : F. Ouellet

L'APPARITION d'une nouvelle conception de l'enseignante, où elle n'apparaît plus comme celle qui occupe le rôle central dans la transmission culturelle, a entraîné beaucoup de confusion sur le rôle des élèves. La tentation est grande d'abaisser le niveau des défis intellectuels du programme scolaire. Les élèves peuvent-ils construire par eux-mêmes le savoir en travaillant en petits groupes ? Tous les élèves qui travaillent en petits groupes ont-ils un accès égal au processus de coconstruction du savoir ? Quel genre de programme permet aux élèves de développer des habiletés cognitives de haut niveau à la suite de leur interaction dans les groupes ? Finalement, comment les enseignantes peuvent-elles favoriser une communication constructive dans les petits groupes sans dominer l'interaction ?

Ces questions théoriques et pratiques deviennent encore plus complexes lorsqu'on trouve une grande diversité culturelle et « scolaire » dans la classe. Comment éviter que les élèves qui ont plus de difficultés dans les matières scolaires ne soient laissés derrière ? Il y a aussi la tentation pour les nouveaux venus de mettre l'accent sur l'apprentissage de la langue d'instruction plutôt que sur l'acquisition d'habiletés intellectuelles de haut

---

[*] Le texte de cette communication a été publié dans les Actes de la conférence (E. Cohen, « The Social Construction of Equity in Classrooms », dans M. Pagé, F. Ouellet et L. Cortesao, dir. (2001), *L'éducation à la citoyenneté*, Sherbrooke, Éditions du CRP, p. 113-130).

niveau. L'idée est alors de mettre les élèves en groupe pour que ceux de la société d'accueil ainsi que les meilleurs puissent aider les nouveaux venus et les plus faibles. Cela ne conduit pas nécessairement à la coconstruction du savoir, mais permet plutôt à certains élèves d'adopter le rôle traditionnel d'enseignant, celui de transmetteur de la culture. Même si l'enseignante surmonte cette difficulté en créant de véritables tâches de groupe, il y aura toujours une tendance à la domination des interactions au sein des groupes de la part des élèves les plus forts et les plus populaires. Les efforts les mieux intentionnés pour favoriser le travail de groupe et l'interaction et pour créer un climat de confiance et d'équité par l'apprentissage en coopération produisent au sein des groupes une hiérarchie qui est très loin de l'idéal de la coconstruction équitable du savoir.

Durant mes vingt ans de travail avec des enseignantes et des formateurs d'enseignantes, j'ai développé avec quelques collègues une approche d'instruction plus équitable dans des classes hétérogènes. Cette approche, que nous avons appelée « l'instruction complexe », est conçue pour créer des classes équitables où le travail est d'un haut niveau intellectuel. Les groupes d'élèves travaillent à ce que nous appelons des tâches à « habiletés multiples », qui font appel à un éventail d'habiletés intellectuelles beaucoup plus large que ce qu'on retrouve habituellement dans la culture scolaire.

L'enseignante apprend à déléguer l'autorité à des groupes hétérogènes d'élèves qui ont une autonomie considérable pour solutionner des problèmes et créer des produits en travaillant à des tâches stimulantes. Plutôt que de dire aux élèves quoi penser et comment exécuter leurs tâches, l'enseignante crée les conditions pour que l'apprentissage puisse se faire en fournissant au groupe des instructions générales sur une fiche d'activité, du matériel riche et des indications sur des ressources additionnelles pertinentes. Elle limite l'instruction directe à la période d'orientation au début et de retour à la fin de l'activité.

Pour créer les conditions qui permettent un accès égal à la coconstruction du savoir dans les groupes de travail, l'enseignante utilise des interventions basées sur des recherches pour aider les élèves à voir que chacun est capable d'apporter une contribution intellectuelle importante au produit du groupe.

Cette approche est présentement en train d'être implantée aux États-Unis, au Canada, en Europe, en Scandinavie et en Israël.

L'idéal de la classe équitable

Le concept de «classe équitable» est un idéal qui ne s'atteint jamais complètement. Dans une classe équitable, tous les élèves ont un accès égal à du matériel d'apprentissage stimulant. L'enseignante n'exempte pas certains élèves de devoirs qui exigent des habiletés intellectuelles de haut niveau parce qu'elle croit qu'ils ne sont pas prêts pour de telles tâches. Lorsque les élèves travaillent en groupe, ils n'empêchent personne d'avoir accès au matériel d'apprentissage écrit ou autres objets qui font partie de l'activité. Même ceux qui ne lisent pas ou ne comprennent pas la langue d'enseignement ont la possibilité de réaliser les activités et d'utiliser le matériel. Tous les élèves ont un statut égal dans leurs interactions et ils peuvent parler et participer sans qu'aucun d'entre eux ne domine le groupe.

Il n'y a pas une grande variation entre les performances des élèves les plus forts et celles des plus faibles. Les élèves relativement faibles s'améliorent de manière à obtenir des résultats qui se rapprochent de ceux de la moyenne de la classe. Les résultats vont de moyens à excellents.

Faire justice à la diversité

Plusieurs des groupes qui ont récemment immigré aux États-Unis, au Canada et en Europe diffèrent par leur culture et par leur langue. De plus, les familles des élèves immigrants sont souvent pauvres et peu scolarisées. À cela s'ajoutent la discrimination et les préjugés dans leur nouveau pays. Par conséquent, en plus de travailler en classe avec des différences culturelles, les éducateurs doivent faire face à des différences de statut social et, à l'occasion, à des différences entre les élèves en ce qui a trait à leur emploi futur et au salaire qu'ils gagneront.

Ces particularités sociales se traduisent fréquemment dans les résultats scolaires. Parfois, les élèves immigrants n'ont pas reçu de leurs parents la même préparation que ceux de la classe moyenne de la société d'accueil lorsqu'ils arrivent à l'école. Souvent leur difficulté à parler et à comprendre la langue d'enseigne-ment conduit à une performance médiocre. Les élèves qui ont des problèmes en classe sont susceptibles d'avoir un bas statut auprès de leurs pairs : leurs compagnons et leurs compagnes ne s'attendent pas à ce qu'ils soient capables d'apporter une contri-bution intellectuelle significative au travail de groupe. Les diffé-rences initiales de statut social se traduisent ainsi en statuts scolaires différents dans la classe.

L'apprentissage coopératif est souvent recommandé pour les classes où l'on retrouve une grande diversité de cultures et de classes sociales. Cependant, même si l'enseignante est bien entraînée à travailler avec les différences culturelles et qu'elle uti-lise les techniques de l'apprentissage en coopération dans de telles classes, on verra néanmoins se développer de graves pro-blèmes de statut. L'interaction sera inégale dans les petits groupes. Les élèves qui ont un statut scolaire élevé, souvent ceux de la classe moyenne de la société d'accueil, auront ten-dance à dominer dans les groupes de coopération. Les élèves dont le statut scolaire est bas, la plupart du temps ceux qui sont différents par leur culture, leur langue ou leur race, ne participe-ront pas. Lorsqu'ils parlent, leurs idées ne sont généralement pas prises en considération. Dans cette situation, si elle se contente des méthodes habituelles pour tenir compte de la diversité cultu-relle, l'enseignante échouera et l'ordre des statuts dans la société extérieure sera reproduit à l'intérieur des petits groupes. Non seulement les enfants de haut statut parleront plus, ils appren-dront plus, tandis que ceux de bas statut parleront moins et, par conséquent, apprendront moins (Cohen, 1997). Ainsi, au terme du travail de groupe, tous auront appris que ces nouveaux venus n'ont aucune contribution significative à offrir pour la compré-hension des concepts. Pour rendre justice à la diversité culturelle en classe, il faut aider les enseignantes à aborder le problème de l'inégalité des statuts.

Principes pour créer des classes équitables

Les principes de la création de classes équitables, qui seront pré-sentés ici, s'appuient sur plusieurs années de développements théo-riques d'évaluation et sur des recherches empiriques rigoureuses.

Parler et travailler ensemble

Le premier principe, le plus général, a trait à l'importance de parler et de travailler ensemble lorsqu'on veut apprendre. Lorsque les élèves participent à une tâche de groupe exigeant un échange créateur d'idées et dont les paramètres comportent des éléments d'incertitude, *plus ils parlent et travaillent ensemble, plus ils apprendront*. Cette proposition a une base théorique et empirique solide en sociologie.

Dans une classe hétérogène, des élèves différents connaissent des choses différentes. Certains sont plus avancés que d'autres dans la maîtrise des habiletés scolaires. Certains sont meilleurs que d'autres pour résoudre des problèmes et trouver des raisons. L'enseignante ne peut profiter de cette hétérogénéité qu'en donnant aux groupes la responsabilité de leur propre apprentissage. Les membres des groupes parlent ensemble pour solutionner des problèmes, créer des produits et développer leur compréhension.

Dans l'instruction complexe, l'apprentissage n'est pas seulement le produit d'un programme scolaire spécial et du travail en coopération. Il résulte plutôt d'une façon d'aménager les interactions qui permet aux élèves de profiter de leur engagement dans des tâches de groupe. Ces aménagements incluent le rôle de l'enseignante et la façon dont les élèves travaillent ensemble. On n'obtient les résultats optimaux que si on change le rôle de l'enseignante et si on amène les élèves à travailler à des tâches comportant un certain degré d'incertitude en s'utilisant mutuellement comme ressources. Pour mes collègues et moi, c'est la classe qui constitue l'unité d'analyse, contrairement à ce qui se fait dans la plupart des recherches sur l'apprentissage. Nous n'expliquons pas les caractéristiques individuelles et nous ne les utilisons pas dans l'explication. Ce niveau de conceptualisation nous permet de rechercher la connexion entre le fonctionnement de la classe comme organisation et les apprentissages d'une classe d'élèves (Cohen, Lotan et Holthuis, 1997).

Dans l'instruction complexe, toutes les tâches comportent des éléments d'incertitude. Cela ne signifie pas qu'elles sont mal conçues, mais que les élèves doivent réfléchir sur la façon de s'y prendre pour résoudre un problème ou créer un produit. Par exemple, dans une unité d'études sociales pour le second cycle du primaire[1], développée par l'équipe de l'instruction complexe, les élèves doivent faire la maquette d'un château fortifié pour les Croisés en se basant sur les photos et les plans d'un château du Moyen Âge en ruine. La fiche-ressource fournit quelques informations sur des points clés comme les sources d'approvisionnement en eau. En utilisant divers matériaux (carton, colle et ciseaux), le groupe doit construire un modèle et expliquer à la classe ce qui rend le château imprenable. C'est une tâche qui peut avoir plusieurs solutions et qui comporte un élément d'incertitude qui la rend stimulante tant pour les adultes que pour les jeunes. Les réponses ne se trouvent ni dans les fiches-ressources, ni dans une procédure routinière, ni dans un algorithme.

Il n'est pas facile pour un élève de réaliser seul une tâche conçue pour l'instruction complexe. La contribution de tous est importante et nécessaire pour trouver la solution des problèmes, construire une maquette, concevoir et réaliser un jeu de rôles, et ainsi de suite. De plus, il n'est pas facile pour les élèves de se diviser le travail pour réaliser ce genre de tâches. Les rôles qu'ils doivent jouer ne correspondent pas à la division du travail. Ils ne portent pas sur le contenu, comme ceux d'artiste et de directeur, mais sur la procédure qui règle les interactions entre les élèves, comme ceux de facilitateur, de reporteur et de responsable du matériel.

Des tâches de groupe comportant un élément d'incertitude créeront un problème sérieux à l'enseignante, à moins qu'elle ne modifie radicalement son système de gestion de la classe. Face à l'incertitude, les élèves chercheront à la convaincre de répondre à leurs questions et elle passera son temps à courir ici et là en classe pour répondre à plusieurs demandes d'aide. Lorsque les élèves travaillent sur des tâches comportant des éléments d'incertitude, il est plus efficace pour eux de s'utiliser mutuellement comme ressources en se posant des questions et en cherchant à décider ensemble ce qu'il faut faire. Mais cela ne se produira pas si l'enseignante ne trouve pas une façon de rendre

---

1. « How Do Historians Know about the Crusades ? », Program for Complex Instruction, Stanford University, sans date.

les groupes d'élèves responsables de trouver la solution au problème ou de réaliser un produit.

Dans ses premiers travaux, Perrow (1967) affirmait que lorsque des travailleurs font face à des tâches comportant des éléments d'incertitude, deux choses doivent se produire pour que l'organisation maintienne son efficacité : les superviseurs doivent passer de la supervision directe à la délégation de l'autorité aux travailleurs ; une large utilisation des relations latérales entre travailleurs doit être faite.

Le système de gestion utilisé dans l'instruction complexe dérive de cette proposition. Les enseignantes apprennent comment déléguer l'autorité et comment éviter d'assumer des rôles de supervision directe lorsque les élèves travaillent en groupe. Ceux-ci apprennent à travailler ensemble pour trouver des solutions créatrices aux problèmes qu'ils doivent résoudre et à utiliser d'une manière optimale les contributions de chaque membre du groupe.

Les relations latérales et l'apprentissage

Dans l'instruction complexe, l'interaction a une importance cruciale. Les élèves s'entraident pour lire et comprendre la fiche d'activité (Leechor, 1988). Ils s'expliquent mutuellement les concepts fondamentaux et les procédures à suivre et ils s'entraident pour les tâches qui font appel à des habiletés techniques. C'est là le modèle d'interdépendance séquentielle auquel la plupart des gens pensent lorsqu'ils voient des élèves travailler en petits groupes : la contribution d'un élève devient une ressource pour un autre. Cependant, cela exige plus que de demander de l'aide et d'en recevoir. Parce que dans l'instruction complexe les tâches exigent une multiplicité de perspectives et diverses contributions pour trouver une solution créatrice à un problème, les élèves ne parviendront vraisemblablement pas à réaliser un produit de groupe satisfaisant à moins d'échanger des idées. Lorsqu'il y a de tels échanges, on est en présence d'un modèle d'interdépendance réciproque : la contribution de chaque personne est une ressource importante pour les autres membres du groupe.

En parlant et en travaillant ensemble, tous en viennent à comprendre ce qu'on attend d'eux sans que l'enseignante n'ait à les interrompre pour leur dire quoi faire. C'est dans cette interaction que chaque membre du groupe est exposé à une conversation de haute qualité. Plus les élèves entendent de bonnes explications et de bonnes discussions, plus ils apprennent. Plus ils entendent d'autres élèves évaluer et analyser ce que le groupe va présenter à la classe, plus ils comprennent les concepts sous-jacents. C'est aussi par cette interaction que différentes idées de diverses personnes sont mises à profit pour résoudre le problème.

Nous disposons de nombreuses données de recherche sur l'impact de l'interaction sur l'apprentissage de divers groupes d'âge. Les classes où il y a le plus d'élèves parlant et travaillant ensemble apprennent plus que celles où il y en a moins (Cohen, Lotan et Leechor, 1989). La recherche a montré que cela était vrai pour les élèves de la 2ᵉ à la 8ᵉ année (Cohen, Lotan et Holthuis, 1997).

Nous avons également montré que lorsque les enseignantes ne réussissent pas à déléguer la responsabilité aux groupes, les élèves parlent et travaillent ensemble moins fréquemment et, donc, apprennent moins. Parfois, les enseignantes retournent à des modes traditionnels de transmission culturelle pendant que les élèves travaillent en groupe. Cela a l'effet non voulu d'empêcher ceux-ci de se parler et conduit à de moins bons apprentissages que si elles s'étaient abstenues d'un tel comportement. Si les enseignantes, qui sont des figures d'autorité, prennent la responsabilité d'amener les élèves à s'engager dans leur tâche, ils ne prendront pas la leur pour résoudre les problèmes qui y sont reliés. Les enseignantes qui utilisent la supervision directe lorsque les élèves travaillent en coopération se trouvent ainsi, sans le vouloir, à saboter l'atteinte de leurs objectifs. En bloquant le processus qui amène les élèves à parler et à travailler ensemble, elles les empêchent de développer une bonne compréhension des concepts et de découvrir les choses par eux-mêmes. Même les enseignantes qui interrompent constamment l'interaction du groupe avec des questions de haut niveau intellectuel courent le risque de nuire à l'interaction entre les élèves. Dans trois études séparées effectuées à l'élémentaire et au début du secondaire, nous avons trouvé que plus les enseignantes utilisent la supervision directe, moins les élèves parlent et travaillent ensemble dans les petits groupes (Cohen, Lotan et Holthuis, 1997).

Cette proposition générale ne vaut pas seulement pour les groupes mais pour les individus. Plus les individus parlent au groupe, plus ils apprennent (Cohen, Lotan et Holthuis, 1997). Plus les individus sont exposés à des échanges verbaux de qualité dans les groupes, plus ils apprennent (Cossey, 1996).

La coconstruction de nouveaux savoirs culturels

De nos jours, les éducateurs soulignent la capacité des élèves de construire leur propre savoir dans les interactions avec le groupe. Les théories constructivistes de l'apprentissage démontrent l'importance des échanges verbaux, des débats et du dialogue comme moyen de compréhension des concepts. Les constructivistes sont presque unanimes à recommander le cadre des petits groupes travaillant en coopération comme le plus favorable à ce type d'apprentissage (Linn et Burbules, 1993 ; Noddings, 1990 ; Tobin et Tippins, 1993 ; von Glaserfeld, 1991 ; Wheatley, 1991).

Toutefois, ces chercheurs et spécialistes du développement des programmes scolaires n'ont pas toujours une bonne compréhension des changements qu'il faut apporter dans la classe traditionnelle pour que des échanges constructifs puissent se produire dans les petits groupes. Si les tâches de groupe ne sont pas bien conçues, les programmes scolaires inspirés des théories constructivistes ne produiront pas les interactions et l'interdépendance qu'exigent les apprentissages conceptuels de haut niveau. De plus, l'enseignante ne peut se contenter de laisser les élèves travailler en groupe en adoptant un rôle de laisser-faire. Elle doit plutôt déléguer clairement l'autorité aux groupes. Sinon, les résultats peuvent bien être chaotiques et les échanges verbaux des élèves décevants. Les programmes scolaires qui font appel aux habiletés multiples et ceux qui se fondent sur les théories constructivistes de l'apprentissage exigent donc le type de changement organisationnel qui vient d'être décrit (Cohen, Lotan, et Holthuis, 1997).

Le traitement des problèmes de statut

Un deuxième principe général découle du fait que les élèves classent leurs camarades selon une hiérarchie basée sur le statut parmi les pairs et sur le statut scolaire. Certains sont considérés par leurs pairs comme bien meilleurs que les autres dans les matières scolaires. Certains sont considérés comme beaucoup plus populaires que les autres. La position des élèves dans cette hiérarchie conduit à des différences dans les attentes de compétence. À leur tour, les différences dans les attentes de compétence conduisent à des différences dans le taux de participation à l'interaction dans les petits groupes et, ainsi, à des différences dans l'apprentissage.

Considérons les problèmes de statut qui surgissent dans des groupes d'apprentissage en coopération dans une classe typique. Il est facile de reconnaître ces problèmes, car certains élèves dominent dans les petits groupes. D'autres se retirent et personne ne les écoute lorsqu'ils parlent. Lorsqu'on a été sensibilisé à ce problème, on peut entendre quelques membres du groupe faire presque toutes les suggestions, dire aux autres comment procéder et interrompre la discussion. Il est plus difficile d'observer les membres tranquilles, car ils parlent rarement. Lorsqu'ils ouvrent la bouche, les autres font comme s'ils étaient invisibles et vont même jusqu'à les empêcher d'avoir accès au matériel d'instruction.

L'origine des problèmes de statut

L'origine des comportements discriminatoires se trouve dans les caractéristiques de statut qui se forment dans la classe. Selon cette théorie, il s'agit d'une classification qui repose sur le fait que tout le monde pense qu'il est mieux d'avoir un rang élevé plutôt qu'un rang inférieur. Dans un groupe donné d'élèves, chacun aura un rang (élevé, moyen ou bas) sur chacune des caractéristiques de statut qui différencient les élèves. La généralisation du statut (Berger, Cohen et Zelditch, 1966; Berger, Cohen et Zelditch, 1972) est le processus par lequel des caractéristiques de statut en viennent à affecter les interactions de telle sorte que l'ordre de prestige et de pouvoir du groupe reflète les différences initiales de statut (pour une description détaillée de ce processus, voir Berger, Rosenholtz et Zelditch, 1980). Le processus de généralisation du statut a trois composantes importantes : des caractéristiques de statut qui différencient les membres du groupe ; des attentes de compétence déterminées par l'information sur le statut ; et des inégalités comportementales qui sont le produit de l'opération des différences dans les attentes de compétence pour une tâche. Les inégalités comportementales observables dans les groupes de coopération sont fonction des différences dans les attentes de compétence pour la tâche assignée aux membres du groupe.

Dans la classe, les caractéristiques de statut les plus importantes sont le statut scolaire et le statut parmi les pairs ou la popularité. Les études sur les classes du primaire et du début du secondaire ont démontré que les élèves qui ont un score plus élevé sur un instrument mesurant à la fois le statut scolaire et la popularité ont une participation significativement plus grande au travail de groupe que les élèves de bas statut (Cohen et Lotan, 1997, chapitre 5). Les différences culturelles et sociales plus larges, comme la classe, la race, l'ethnicité, le genre, constituent un autre type, diffus, de caractéristiques de statut. Parce qu'elles ne sont pas aussi directement reliées aux tâches scolaires que le statut scolaire et la popularité, il est souvent difficile de détecter leur influence indépendante sur la participation sociale dans la classe (Lloyd et Cohen, 2000). Pourtant, des études répétées en laboratoire, avec des groupes expérimentaux, ont montré que la race et l'ethnicité influencent fortement la participation dans les petits groupes d'apprentissage en coopération (Cohen, 1982). Les éducateurs et les chercheurs en sciences sociales insistent parfois tellement sur l'importance de la race et de l'ethnicité qu'ils ont de la difficulté à croire que ces caractéristiques de statut ne permettent pas toujours de prévoir le comportement en classe. Nous oublions à l'occasion que la classe est un système social puissant qui véhicule des évaluations fortes. Des caractéristiques diffuses de statut comme la race et l'ethnicité sont souvent étroitement reliées à des caractéristiques locales de statut, comme le statut scolaire et la popularité parmi les pairs. Par exemple, les élèves tziganes sont souvent stigmatisés et isolés et ne jouissent pas d'une grande popularité auprès de leurs camarades. De plus, le manque d'éducation formelle de leurs parents et leur style de vie itinérant rendent la réussite scolaire très difficile pour eux. Ils ont aussi un statut scolaire bas. Cependant, lorsqu'on analyse les données sur le milieu social, le statut scolaire et la popularité ainsi que la participation dans les tâches de groupe, on trouve que leur appartenance à un groupe qui a un bas statut social dans la société (comme le fait d'être noir, brun ou femme) n'ajoute rien qui permette de prédire la participation au travail de groupe, si on tient compte de leur statut scolaire et de leur popularité (Lloyd et Cohen, 2000).

Il y a encore un troisième type de caractéristiques de statut qu'on peut observer dans la classe. Le comportement des élèves dans des tâches de groupe peut également être conditionné par *des caractéristiques spécifiques de statut,* comme l'habileté à utiliser l'ordinateur, la compréhension des problèmes mathématiques, le fait d'avoir un excellent accent dans une langue étrangère. Les attentes de compétence fondées sur des caractéristiques spécifiques de statut agissent de la même manière que celles qui se fondent sur les caractéristiques diffuses de la race et de l'ethnicité ou sur les caractéristiques locales du statut scolaire et de la popularité.

Les conditions d'application de la théorie

Le processus de généralisation du statut s'opère chaque fois que nous donnons aux élèves une tâche qui correspond aux conditions d'application de la théorie. Ces conditions spécifient que les acteurs sont différenciés par au moins une caractéristique de statut. Les participants sont engagés dans une tâche collective et ils croient qu'ils peuvent soit réussir ou échouer en tant que groupe. De plus, ils voient la tâche comme exigeant une ou plusieurs habilités spécifiques ; ils ne considèrent pas le succès ou l'échec comme une question de chance ou la résultante de forces hors de leur contrôle. Finalement, ils sont engagés dans la tâche et perçoivent la situation comme exigeant qu'ils agissent collectivement. Ces conditions constituent les *conditions suffisantes* pour qu'on puisse s'attendre à observer le processus. Il peut y en avoir d'autres qui vont le déclencher. Mais de toute manière, il suffit d'un moment de réflexion pour se rendre compte qu'une tâche coopérative typique assignée aux groupes dans une classe diversifiée satisfera à ces conditions de la généralisation du statut.

Le processus de généralisation du statut

Comment les inégalités de statut se traduisent-elles en inégalités dans la participation et l'apprentissage ? La source se trouve dans les différentes attentes rattachées au fait d'être de haut ou de bas statut. Assigner des tâches de groupe qui répondent aux conditions de la théorie signifie que les attentes fondées sur des caractéristiques de statut deviendront évidentes pour tous les membres du groupe. Elles formeront la base des attentes de compétence *pour la tâche spécifique assignée par l'enseignante*. Les élèves combineront toutes les informations disponibles sur le statut des membres de l'équipe pour s'attribuer mutuellement des attentes de compétence pour la tâche en question. Ce qui se passera très fréquemment dans ce processus, c'est que les attentes fondées sur les différences dans le groupe *deviendront pertinentes* à la performance de la nouvelle tâche, même si elles n'ont pas de relation rationnelle avec cette tâche. Par exemple, la popularité auprès des pairs a peu de liens avec les attentes de compétence pour la plupart des tâches scolaires. Pourtant, dans l'esprit des élèves, elle a un lien important avec la possibilité d'apporter une contribution majeure et de qualité à la tâche. Cependant, certaines caractéristiques de statut ont une relation plus directe que d'autres à la tâche assignée au groupe et elles seront plus importantes dans la formation des attentes de compétence.

Une fois que les attentes de compétence pour la nouvelle tâche ont été formées, les élèves considérés comme les plus compétents seront ceux qui parleront le plus. Plus ils parlent, plus ils influencent les décisions du groupe. De même, ceux qu'on considère comme moins compétents parleront moins et ils seront donc moins influents. (Cohen, 1994, 1997). Lorsqu'ils ont terminé la tâche, les élèves pensent que les membres qui ont le statut le plus élevé sont ceux qui ont été les plus compétents et qui ont fait le plus pour guider le groupe. De cette manière, même si la tâche à réaliser en coopération est riche et fait appel à la créativité, l'évaluation que les élèves feront les uns des autres lorsqu'elle sera terminée ne fera que refléter les différences de statut qui étaient déjà présentes au sein du groupe.

Deux traitements du statut

Il est essentiel que les enseignantes modifient ces attentes différenciées en s'appuyant sur des interventions basées sur la théorie. Sinon, les classes ne seront pas équitables, même si elles ont entraîné les élèves à travailler harmonieusement ensemble et ont soigneusement développé un programme scolaire qui fait appel à des habiletés multiples. Les enseignantes peuvent modifier les processus qui produisent les différences de statut en altérant les attentes de compétence que les élèves ont pour eux-mêmes et pour les autres élèves. Les « traitements du statut » désignent les interventions conçues pour créer une interaction où les statuts seront égaux.

L'utilisation par l'enseignante d'interventions pour égaliser les statuts stimulera la participation des élèves de bas statut sans diminuer celle de ceux qui sont de haut statut dans le groupe (Cohen et Lotan, 1995, 1997). Les deux interventions que nous utilisons sont le traitement des habiletés multiples et l'attribution de compétence aux élèves de bas statut. Dans le traitement des habiletés multiples, les enseignantes apprennent à changer les attentes de compétence en expliquant aux élèves que plusieurs habiletés différentes sont utiles pour réaliser la tâche que le groupe est sur le point d'entreprendre (par exemple, l'habileté à situer un objet dans l'espace, la créativité, le raisonnement). Elles expliquent pourquoi aucun élève ne peut maîtriser toutes ces habiletés et que tous en maîtrisent quelques-unes.

Comme le prévoit la théorie, cette intervention est efficace parce que les élèves combinent toutes les informations disponibles sur le statut pour se former des attentes de compétence pour la nouvelle tâche. L'enseignante montre comment plusieurs nouvelles caractéristiques de statut auront une pertinence directe à la tâche. Lorsqu'elle dit qu'une habileté comme la capacité de s'orienter dans l'espace sera très importante, elle est en train de définir une caractéristique spécifique de statut et d'en établir l'importance pour la réalisation de la tâche que les élèves sont sur le point d'entreprendre. Parce qu'elles ont une pertinence directe à la tâche, ces nouvelles caractéristiques de statut auront un pouvoir considérable sur les attentes de compétence des élèves, qui se rendent compte que ce n'est pas seulement le statut scolaire ou la popularité parmi les pairs qui sont en jeu ici. Ils s'accorderont une position haute sur certaines des caractéristiques de statut et une position basse sur d'autres parce que l'enseignante leur a démontré que personne ne peut maîtriser toutes les habiletés et que tous peuvent en maîtriser quelques-unes. L'effet de cette intervention est une combinaison des attentes de compétence qui sont liées aux nouvelles caractéristiques de statut avec celles qui sont liées aux caractéristiques locales et diffuses de statut. Parce que chacun développe un ensemble mixte d'attentes de compétence (et non seulement des attentes uniformément hautes ou basses) et parce que les nouvelles caractéristiques sont directement pertinentes à la tâche, les différences entre les attentes de compétence des élèves de haut et de bas statut sont considérablement diminuées. Les différences observables du comportement des élèves selon leur statut sont ainsi moindres qu'elles ne le seraient si cette intervention n'avait pas eu lieu.

Dans le second traitement, l'enseignante attribue aux élèves de bas statut une position haute sur une caractéristique spécifique qui est directement pertinente à la tâche du groupe. Ce traitement dérive de l'« *Expectation States Theory* » et de la « *Source Theory* » (Webster et Sobieszek, 1974). Dans le langage de cette dernière théorie, plus le statut d'un individu est élevé, plus il est probable que ses évaluations seront considérées comme importantes. Le statut d'une personne peut ainsi influencer l'évaluation qu'elle fait d'elle-même par rapport aux autres. Si l'enseignante, qui est une source d'évaluation de haut statut, donne une évaluation positive de la performance d'un élève, celui-ci en viendra à croire que son habileté correspond aux attentes de son enseignante. Cette croyance affectera à son tour les attentes de compétence des autres élèves.

L'enseignante qui utilise ce traitement dans l'instruction complexe est à l'affût des cas où des élèves de bas statut ont de bonnes performances dans diverses habiletés intellectuelles importantes dans la réalisation de la tâche qui a été assignée au groupe. Ce sont souvent, mais pas nécessairement, les mêmes habiletés dont elle a discuté dans le traitement des habiletés multiples. Elle fournit alors à l'élève une *évaluation spécifique, favorable et publique*. Par exemple, elle peut observer un élève qui manifeste une bonne compréhension de la façon de renforcer la structure dans la construction de la maquette d'un pont. Comme cet élève est de bas statut, sa contribution est passée inaperçue dans le groupe, lequel se tourne plutôt vers l'avis incorrect d'une fille socialement dominante au lieu d'utiliser le diagramme fourni dans la fiche d'activité. L'enseignante pourrait dire : « Regardez comment Luis rassemble les pailles. Il sait construire une maquette comme le ferait un architecte. Il suit le plan. Il comprend comment faire pour rendre le pont beaucoup plus solide. Vous devez travailler avec lui pour faire une maquette plus solide. »

Lorsque le traitement est réussi, l'élève et ses pairs acceptent l'évaluation, par l'enseignante, de l'élève de bas statut qui est considéré comme compétent pour une habileté importante et pertinente. Les attentes de compétence liées à cette caractéristique spécifique de statut se combinent alors avec d'autres attentes de compétence (hautes et basses) que l'élève a par rapport à lui-même et que ses camarades de classe ont à son égard. Le résultat d'un traitement réussi est une plus grande participation des élèves de bas statut et une plus grande influence de leur part sur les membres du groupe de statut élevé. La recherche a démontré la capacité de transfert de ces nouvelles attentes de compétence à de nouvelles situations d'apprentissage (Berger, Rosenholtz et Zelditch, 1980 ; Webster et Foschi, 1988). Cela signifie que l'enseignante n'a pas à appliquer continuellement le traitement aux mêmes individus de bas statut.

Pour évaluer l'efficacité de ces traitements du statut, Rachel Lotan et moi en avons compté la fréquence d'utilisation par les enseignantes. Nous avons ensuite évalué la participation des élèves de bas statut en comptant le nombre d'expressions verbales reliées à la tâche de groupe. Le statut a été déterminé par un questionnaire où les élèves identifiaient les meilleurs dans la matière (statut scolaire) et les plus souvent choisis comme amis (popularité). Cette étude a révélé que plus l'enseignante utilisait souvent ces traitements, plus le taux de participation des élèves de bas statut était élevé (Cohen et Lotan, 1995).

Ces traitements du statut sont au cœur même de l'instruction complexe. Pour les utiliser, il faut bien comprendre la théorie sur laquelle ils s'appuient. Mon livre, *Designing Groupwork : Strategies for Heterogeneous Classrooms*, fournit la théorie, les données de recherche et les conseils pratiques dont a besoin l'enseignante qui veut en faire usage (voir Cohen, 1994, pour les versions anglaise et française, et Cohen, 2000, pour la version italienne). Pour changer les effets du statut, l'enseignante doit utiliser les traitements du statut *et* un programme scolaire comportant des habiletés multiples qui permettent aux élèves de bas statut de démontrer leur compétence dans des tâches stimulantes. Ces tâches ont une caractéristique particulière : personne n'est capable de les réaliser seul. Différents élèves peuvent y apporter une contribution particulière en utilisant un large éventail d'habiletés et de compétences, comme la capacité de se situer dans l'espace, le sens de l'observation et le sens musical. S'il s'agit d'une tâche scolaire ordinaire, les élèves ne croiront pas l'enseignante qui parle des habiletés multiples exigées par la tâche. De plus, l'enseignante ne pourra attribuer des compétences à moins que la tâche ne fournisse à tous les élèves de véritables occasions d'exceller. Nous avertissons les enseignantes d'être prudentes et sincères lors de l'attribution des compétences. Si un élève n'a pas réellement bien fait quelque chose, il ne sera pas convaincu par l'évaluation positive de l'enseignante.

Supervision des enseignantes en classe

Un troisième principe général est qu'il est essentiel de fournir aux enseignantes une rétroaction basée sur des observations faites dans leurs classes. *Nos données de recherche montrent que plus les enseignantes reçoivent de rétroaction du formateur, mieux elles saisissent les concepts sous-jacents à l'instruction complexe et mieux elles réussissent à l'implanter* (Ellis et Lotan, 1997).

Très souvent, le perfectionnement qui leur est offert consiste en un atelier sans suivi en classe qui leur présente une recette pour un nouveau comportement ou l'utilisation de matériel d'instruction inédit. Parce que ces ateliers sont habituellement brefs, il n'y a pas de temps pour l'étude de la théorie sousjacente et la conceptualisation de l'innovation. Et, bien sûr, il n'y en a pas non plus pour présenter des résultats de recherche sous une forme utile aux enseignantes qui retournent en classe pour expérimenter elles-mêmes la nouvelle approche. Lorsque les choses ne se produisent pas comme prévu par le formateur, elles ne savent pas quoi faire. Elles n'ont pas le cadre théorique qui leur permettrait de s'adapter aux conditions concrètes de leur classe. Toutes les classes ont leur propre complexité et représentent des exceptions par rapport à n'importe quelle prescription ou recette. Les enseignantes peuvent alors commencer à altérer l'innovation en la mélangeant avec des façons de faire les choses qui leur sont plus familières ou même en se sentant obligées de l'abandonner complètement.

L'instruction complexe est une technologie sophistiquée qui exige des changements dans l'enseignement conventionnel. Plusieurs des nouvelles stratégies, comme l'assignation de compétences aux élèves de bas statut, requièrent un comportement qui ne peut être standardisé et planifié. L'enseignante doit être capable d'observer, de faire des inférences à partir des habiletés qu'elle observe et de penser à ce qu'elle doit dire au milieu d'une classe bourdonnante d'activité. Il n'y a rien de routinier dans les habiletés que cela exige. Nous avons appris que trois choses sont essentielles pour que les enseignantes puissent implanter cette technologie non routinière : 1) elles doivent avoir une bonne compréhension des concepts sous-jacents aux stratégies qu'elles utilisent ; 2) elles doivent recevoir une rétroaction systématique sur leurs tentatives initiales d'implantation ; et 3) elles doivent percevoir que la rétroaction qu'elles reçoivent se fonde sur une évaluation bien faite.

Méthode de perfectionnement des maîtres

Idéalement, les enseignantes qui étudient l'instruction complexe à l'université ou dans des ateliers de perfectionnement reçoivent un mélange de théories, de données de recherche et d'expériences pratiques. Elles travaillent en petits groupes pour comprendre et appliquer la théorie et la recherche. Elles travaillent ensemble avec des groupes d'enfants pour expérimenter ce qu'elles ont appris et recevoir une rétroaction sur leur performance. Elles apprennent également à s'observer mutuellement avec les instruments qui seront utilisés pour les observer pendant le suivi. Cet entraînement peut durer deux semaines ou faire partie d'un cours qui dure un semestre.

Après cette formation initiale, les enseignantes commencent à implanter l'instruction complexe en utilisant un programme à habiletés multiples qui a été préparé avec soin. Si tout se passe comme prévu, elles recevront neuf fois pendant l'année la visite d'un observateur qui utilisera systématiquement des instruments conçus pour observer les élèves et l'enseignante. Ces instruments permettent un décompte précis d'indicateurs comme le pourcentage d'élèves qui parlent et qui travaillent ensemble et la fréquence d'utilisation des traitements du statut par l'enseignante. (Comme mentionné plus haut, ce sont les mêmes instruments que l'enseignante a appris à utiliser.)

Après chaque série de trois observations, un membre de l'équipe de formateurs les compile dans des graphiques pour discussion et rétroaction. Une rencontre avec l'enseignante permet de partager les résultats de l'observation et de discuter avec elle de ce qui s'est passé dans la classe pour produire ces résultats. Cela permet souvent de voir qu'elle n'a pas vraiment compris certains points fondamentaux. C'est une excellente occasion de lui expliquer de nouveau la théorie sous-jacente à l'instruction complexe. Fréquemment, on constate qu'elle rencontre des problèmes concrets qui empêchent une bonne implantation. C'est donc le temps de chercher avec elle des solutions qui permettront de faire des adaptations qui ne détruiront pas la base théorique sur laquelle repose l'efficacité de cette approche. Nancy Ellis considère cette forme de rétroaction comme un processus de *supervision positive*. Le rôle du formateur n'est pas de prendre des décisions administratives touchant l'enseignante, mais de l'aider à comprendre et à solutionner les problèmes pressants.

La supervision positive, qui vient d'être décrite, satisfait aux critères d'une évaluation susceptible d'être perçue comme bien fondée par les enseignantes. Les *critères* sont très *clairs*. Ils leur ont été communiqués dans le cadre de leur formation initiale et on leur a démontré comment ils s'appuient sur des données de recherche sûres. Neuf observations et trois visites de rétroaction constituent certainement un *échantillon adéquat d'enseignement*. Pourtant, les administrateurs se contentent souvent d'une seule visite en classe pour évaluer les enseignantes. Celles-ci ont de bonnes raisons de se méfier de ce type d'évaluation. En revanche, dans un processus de supervision positive, les critères utilisés pour l'évaluation sont *spécifiques*. Ils permettent aux enseignantes de connaître le pourcentage des élèves qui parlent et qui travaillent ensemble et le nombre de fois qu'elles utilisent les deux traitements du statut pendant chacune des trois séries de séances d'observation en classe. Elles sont évaluées selon des standards clairs. Par exemple, «au moins 36% des élèves devraient parler et travailler ensemble pendant les séances de travail de groupe». Si elles n'atteignent pas ce standard lors de la première série d'observations, elles ont un objectif clair pour la deuxième session de rétroaction.

Théorie et recherche

Cette forme de rétroaction qui utilise des critères spécifiques et s'appuie sur plusieurs observations est basée sur la théorie de l'évaluation et de l'autorité (Dornbuch et Scott, 1975). Selon cette théorie, pour que les travailleurs cherchent à améliorer leur performance, ils doivent percevoir que les évaluations qu'ils reçoivent sont bien fondées. Les études sur l'instruction complexe au primaire et au début du secondaire révèlent que la qualité et la spécificité de la rétroaction reçue par les enseignantes sont un facteur important pour prédire le pourcentage d'élèves observés en train de parler et de travailler ensemble dans la classe (Lotan, Cohen et Morphew, 1997). Pour dire les choses autrement, nous avons trouvé que c'est dans la mesure où les enseignantes sentent qu'elles reçoivent des évaluations équitables et valides qu'elles réussissent le mieux à implanter l'innovation.

La supervision positive de l'équipe de formateurs est particulièrement importante lorsque les enseignantes cherchent à implanter une innovation sophistiquée qui ne peut être réduite à une série routinière de comportements d'enseignement. Ellis soutient que la collaboration entre les formateurs et les enseignantes est un type de «relation latérale» dont les enseignantes ont besoin en tant qu'apprenantes qui cherchent à se familiariser avec une technologie complexe comportant un élément d'incertitude (Ellis et Lotan, 1997; Little, 1982; Rosenholtz, 1989). Dans les études sur le perfectionnement des maîtres qui utilisent ce modèle, il y a une certaine variabilité dans le nombre de sessions de rétroaction reçues par les enseignantes dans le cadre de la supervision positive : ce nombre varie de un à trois. Nous avons observé une corrélation de .57 (p < .05) entre le nombre de visites et la capacité de mettre en œuvre des comportements non routiniers tel le traitement du statut (Elllis et Lotan, 1997). En d'autres termes, plus les enseignantes recevaient de rétroaction positive, plus elles réussissaient à implanter les aspects les plus difficiles de l'innovation.

Notre insistance constante sur la compréhension théorique des enseignantes est également un facteur important dans une implantation réussie. Lotan a analysé et systématisé le corpus de connaissances qui leur permet d'appliquer un ensemble de notions abstraites à la situation particulière d'une classe. Dans plusieurs études indépendantes sur l'instruction complexe, elle a trouvé que la supervision positive a un lien significatif avec la compréhension conceptuelle par l'enseignante de la base de connaissances (Ellis et Lotan, 1997). D'un point de vue pratique, ce qui est le plus important, c'est que la compréhension conceptuelle de l'enseignante *a un lien direct et significatif avec sa capacité d'implantation de comportements non routiniers* (r = .55, p < .05). Nous avons ainsi des données empiriques concrètes sur l'importance d'appuyer les connaissances transmises aux enseignantes sur une base théorique solide. Il faut garder à l'esprit que ce que nous appelons « théorie » est autre chose qu'une série d'abstractions et de spéculations vagues. Il s'agit plutôt d'une formulation cohérente et systématique qui s'appuie sur une bonne base empirique. Lorsque les enseignantes saisissent bien les fondements conceptuels de l'instruction complexe, elles sont en mesure d'adapter le programme scolaire à leurs classes pour répondre aux exigences de la situation et aux besoins de leurs élèves. Elles peuvent faire des ajustements sans détruire les bases théoriques du succès de cette approche.

Effets sur la pratique

Ces données de recherche soulèvent des questions troublantes lorsqu'on travaille dans des conditions où il est très difficile d'assurer un suivi de la formation. Dans plusieurs contextes, il a été difficile de s'assurer de la présence d'un observateur et d'un formateur qualifié dans l'implantation de l'instruction complexe. Pourtant, sans une formation et un suivi, les enseignantes ne seront pas capables de favoriser l'interaction, de déléguer l'autorité et d'appliquer les traitements du statut. Il n'y a pas de raccourci pour réaliser l'actualisation des deux premiers principes sans ce troisième principe, l'importance du suivi. Un examen de plusieurs autres innovations sophistiquées en classe m'ont enseigné que nous ne sommes pas les seuls à insister sur l'importance cruciale d'une supervision étroite. Si nous voulons voir les enseignantes modifier leurs rôles et si nous voulons voir apparaître des classes équitables où les élèves sont capables de prendre la responsabilité de leur apprentissage, il nous faut trouver une solution à ce problème et une façon de seconder les enseignantes dans l'implantation de cette nouvelle approche.

Conclusion

En résumé, les principes généraux de la création de classes équitables sont : 1) favoriser l'interaction en rendant les groupes responsables ; 2) changer les attentes de compétence pour créer des interactions égalitaires ; 3) fournir aux enseignantes une supervision positive basée sur une observation systématique de leur classe. Ces principes ne s'appliquent pas seulement à l'instruction complexe, mais aussi à toute tentative d'atteinte de l'équité qui exige des changements fondamentaux dans la structure de la classe où les élèves se différencient par leur culture et leur statut social.

Les conférences et les revues spécialisées sont pleines de grands discours sur l'état pitoyable de l'éducation et sur la façon de changer les choses si on veut que les enseignantes cessent de s'agiter en vain devant leur classe pour transmettre la sagesse qu'elles ont acquise à des élèves dont le rôle est essentiellement passif. Nous partageons tous la vision d'une école où tous les élèves pourront apprendre en dépit des différences du milieu social ou culturel d'où ils proviennent. Cependant, pour que ces rêves deviennent une réalité dans la classe de tous les jours, il faut accomplir un travail difficile et méticuleux dans les classes. Ces changements exigent, en outre, une solide base de connaissances théoriques et empiriques. C'est en s'y appuyant que les enseignantes pourront elles-mêmes construire des classes équitables où les élèves découvriront des principes et créeront un nouveau savoir.

Références

ABERCROMBIE, M.L.J. (1960), *The Anatomy of Judgment*, Hamondsworth, Angleterre, Penguin, 1969; New York, Hudchisson.

ABOU, S. (1992), *Cultures et droits de l'homme*, Paris, Hachette.

AHLQUIST, R. (1992), « Manifestations of Inequality : Overcoming Resistance in a Multicultural Foundation Course ». Dans C. Grant, dir., *Research and Multicultural Education*, Londres, Falmer.

ALIX, C. (1995), « Les échanges scolaires : exemples et réflexions autour d'une pédagogie du dialogue et de pratiques coéducatives ». Dans F. Ouellet, dir., *Les institutions face aux défis du pluralisme ethnoculturel : expériences et projets d'intervention*, Québec, IQRC, p. 185-206.

ALIX, C. et C. KODRON (1988), *Coopérer et se comprendre*, Paris, Office franco-allemand pour la jeunesse.

ASTOLFI, J.-P. (1997), *L'erreur : un outil pour enseigner*, Paris, ESF.

BARTH, B.-M. (1993), *Le savoir en construction : former à une pédagogie de la compréhension*, Paris, Retz.

BATELAAN, P. (1998), « Teacher Training for Intercultural Education : A Reflection on IAIE's " Cooperative Learning in Intercultural Education Project " » (CLIP), *European Journal of Intercultural Studies*, vol. 9, Supplément, S21-S34.

BAUMAN, Z. (1997), *Postmodernity and Its Discontents*, New York, New York University Press, p. 1-16.

BERGER, J.B., B.P. COHEN et M. ZELDITCH Jr. (1972), « Status Characteristics and Social Interaction », *American Sociological Review*, 37, p. 241-255.

BERGER, J.B., B.P. COHEN et M. ZELDITCH Jr. (1966), «Status Characteristics and Expectation States. Dans J. Berger et M. Zelditch Jr., dir., *Sociological Theories in Progress*, vol. 1, Boston, Houghton-Mifflin, p. 9-46.

BERGER, J.B., S.J. ROSENHOLTZ et M. ZELDITCH Jr. (1980), «Status Organizing Processes», *Annual Review of Sociology*, 6, p. 479-508.

BERNHARD, J.K., M.L. LEFEBVRE, G. CHUD et R. LANGE (1995), *Paths to Equity. Cultural, Linguistic and Racial Diversity in Canadian Early Childhood Education*, North York, York Lanes Press.

BLAIN, A. (1995), «Les échanges scolaires : exemples et réflexions autour d'une pédagogie du dialogue et de pratiques coéducatives». Dans F. Ouellet, dir., *Les institutions face aux défis du pluralisme ethnoculturel : expériences et projets d'intervention*, Québec, IQRC, p. 185-206.

BOURHIS, R.Y., A. GAGNON et L.C. MOÏSE (1994), «Discrimination et relations intergroupes». Dans R.Y. Bourhis et J.P. Leyens, dir., *Stéréotypes, discrimination et relations intergroupes*, Bruxelles, Mardaga, p. 161-200.

BRANDSFORD, J., A. BROWN et R.R. COCKING (2000), *How People Learn. Brain, Mind, Experience and School*, Washinton, D.C., National Academy Press.

BRETON, R., W.W. ISAJIW, W.E. KALBACH et J.G. REITZ (1990), *Ethnic Identity and Equality*, Toronto, Toronto University Press.

BRUFFEE, K. (1995), *Collaborative Learning. Higher Education, Interdependance and the Authority of Knowledge*, Baltimore et Londres, The John Hopkins University Press.

BRUNER, J.S. (1996), *L'éducation, entrée dans la culture : les problèmes de l'école à la lumière de la psychologie culturelle*. Traduit de l'anglais par Yves Bonin, Paris, Retz.

BRUNER, J.S. (1997), *... car la culture donne forme à l'esprit : de la révolution cognitive à la psychologie culturelle*. Traduit de l'anglais par Yves Bonin, Paris, Eshel.

CAMILLERI, C. (1988/1990), «Pertinence d'une approche scientifique de la culture pour une formation par l'éducation interculturelle». Dans F. Ouellet, dir., *Pluralisme et école*, Québec, IQRC, p. 565-594.

CAMILLERI, C. (1992), «Les conditions de base de l'interculturelle». Dans E. Damiano, dir., *Verso una società interculturale : Pour une société interculturelle*, ACLI-CELIM, Bergamo, p. 35-45.

CHARBONNEAU, C. *et al.* (1995), « La participation à une formation à l'éducation interculturelle : une démarche de changement ». Dans F. Ouellet, dir., *Les institutions face aux défis du pluralisme ethnoculturel : expériences et projets d'intervention*, Québec, IQRC, p. 443-455.

CHARLOT, B., É. BAUTIER et J.-Y. ROCHEX (1992), *École et savoir dans les banlieues... et ailleurs*, Paris, Armand Colin.

COHEN, E. (1994), *Le travail de groupe. Stratégies d'enseignement pour la classe hétérogène*, Montréal, La Chenelière/McGraw-Hill. Traduction par F. Ouellet de *Designing Groupwork. Strategies for the Heterogeneous Classroom*, 2ᵉ édition, New York, Teachers College Press.

COHEN, E. (2001), « The Social Construction of Equity in Classrooms ». Dans M. Pagé, F. Ouellet et L. Cortesao, dir., *L'éducation à la citoyenneté*, Sherbrooke, Éditions du CRP, p. 111-130.

COHEN, E.G. (1982), « Expectation States and Interracial Interaction in School Settings », *Annual Review of Sociology*, 8, p. 209-235.

COHEN, E.G. (1997), « Understanding Status Problems : Sources and Consequences ». Dans E.G. Cohen et R.A. Lotan, dir., *Working for Equity in Heterogeneous Classrooms : Sociological Theory in Practice*, New York, Teachers College Press, p. 61-76.

COHEN, E.G. (1999), *Organizzare i gruppi cooperativi : Ruoli, funzioni, attività*, Trente, Italie, Erickson.

COHEN, E.G., R.A. LOTAN et C. LEECHOR (1989), « Can Classrooms Learn ? », *Sociology of Education*, 62, p. 75-94.

COHEN, E.G. et R.A. LOTAN (1995), Producing Equal-status Interaction in the Heterogeneous Classroom, *American Educational Research Journal*, 32, p. 99-12.

COHEN, E.G. et R.A. LOTAN (1997), Raising Expectations for Competence : The Effectiveness of Status Interventions. Dans E.G. Cohen et R.A. Lotan, dir., *Working for Equity in Heterogeneous Classrooms : Sociological Theory in Practice*, New York, Teachers College Press, p. 77-91.

COHEN, E.G., R.A. LOTAN et N.C. HOLTHUIS (1997), « Organizing the Classroom for Learning », Dans E.G. Cohen et R.A. Lotan, dir., *Working for Equity in Heterogeneous Classrooms : Sociological Theory in Practice*, New York, Teachers College Press, p. 31-43.

COHEN, P. (1988/1993), «The Perversion of Inheritance : Studies in the Making of Multi-racist Britain». Dans P. Cohen et H.B. Bains, dir., *Multiracist Britain*, Londres, Macmillan, p. 9-118.

COHEN-ÉMÉRIQUE, M. (1984), «Choc culturel et relations interculturelles dans la pratique des travailleurs sociaux», *Cahiers de sociologie économique et culturelle*, p. 183-218.

COHEN-ÉMÉRIQUE, M. (1994), S*tage : biculturalité, stratégies identitaires et action socio-éducative*, Association pour l'éducation interculturelle du Québec.

CONSEIL SUPÉRIEUR DE L'ÉDUCATION (1993), *Pour un accueil et une intégration réussis des élèves des communautés culturelles*, Québec.

CONSEIL SUPÉRIEUR DE L'ÉDUCATION (1998), *Éduquer à la citoyenneté*, Rapport annuel 1997-1998, Québec.

«Cooperative Learning in Intercultural Education», Numéro spécial du *European Journal of Intercultural Studies*, vol. 9, n° 2, juillet 1998, 235 p.

COSSEY, R. (1996), *Mathematics Communication : Issues of Access and Equity*, Unpublished doctoral dissertation, Stanford, Stanford University.

CUMMINS, J. et D. SAYERS (1995), *Brave New Schools*, Toronto, OISE Press.

DE FRANKRIJKER, H. (1998), «Cross-cultural Learning from Incidents, the Critical Incident Method : Some Applications Concerning the Practice of Teacher Education and Parent Support», *European Journal of Intercultural Studies*, vol. 9, Supplément, p. S55-S70.

DORNBUSCH, S.M. et W.R. SCOTT (1975), *Evaluation and Exercise of Authority*, San Francisco, Jossey-Bass.

D'SOUZA, P. (1991), *Illiberal Education*, New York, The Free Press. Traduction française, (1993), *L'éducation contre les libertés*, Paris, Gallimard.

ELLIS, N. et R.A. LOTAN (1997), «Teachers as Learners : Feedback, Conceptual Understanding, and Implementation». Dans E.G. Cohen et R.A. Lotan, dir., *Working for Equity in Heterogeneous Classrooms : Sociological Theory in Practice*, New York, Teachers College Press, p. 209-222.

ÉTATS GÉNÉRAUX DE L'ÉDUCATION (1995), *Exposé de la situation*, Québec.

ÉVANGÉLISTE, C., M. SABOURIN et C. SINAGRA (1996), *Apprendre la démocratie. Guide de sensibilisation et de formation selon l'apprentissage coopératif,* Montréal, La Chenelière/McGraw Hill.

ÉVANGÉLISTE, C., M. SABOURIN et C. SINAGRA (1995), «Une expérience de pédagogie coopérative au primaire». Dans F. Ouellet, dir., *Les institutions face aux défis du pluralisme ethnoculturel: expériences et projets d'intervention,* Québec, IQRC, p. 161-172.

FAHMY, S. (1995), «L'échange scolaire comme outil de motivation». Dans F. Ouellet, dir., *Les institutions face aux défis du pluralisme ethnoculturel: expériences et projets d'intervention,* Québec, IQRC, p. 217-224.

FORSTER, P. (1990), *Policy and Practice in Multicultural and Anti-racist Education: A Case Study of a Multi-ethnic Comprehensive School,* Londres, Routledge.

FUGAZZI, B. (1991), «Les enjeux de l'acquisition d'une deuxième langue première». Dans F. Ouellet et M. Pagé, dir., *Pluriethnicité, éducation et société. Construire un espace commun,* Québec, IQRC.

FULLINWIDER, R.K. (1996), *Public Education in a Multicultural Society,* Cambridge, Cambridge University Press.

GAGNON, F., M. McANDREW et M. PAGÉ, dir. (1996), *Pluralisme, citoyenneté et éducation,* Paris/Montréal, L'Harmattan.

GALICHET, F. (1998), *L'éducation à la citoyenneté,* Paris, Anthropos, 1998.

GALICHET, F. (2001), «Quelle éducation à la citoyenneté dans une société défective?». Dans M. Pagé, F. Ouellet et L. Cortesao, dir., *L'éducation à la citoyenneté,* Sherbrooke, Éditions du CRP, p. 27-29.

GARDNER, H. (1993/1996), *Multiple Intelligences. The Theory in Practice. A Reader,* New York, Basic Books. Traduction française: *Les intelligences multiples. Pour changer l'école: la prise en compte des différentes formes d'intelligence,* Paris, Retz.

GHOSH, R. (1991), «L'éducation des maîtres pour une société multiculturelle». Dans F. Ouellet et M. Pagé, dir., *Pluriethnicité, éducation et société. Construire un espace commun,* Québec, IQRC, p. 207-231.

GIDDENS, A. (1994), *Les conséquences de la modernité,* Paris, L'Harmattan.

GOLDBERG, D.T. (1994), *Multiculturalism. A Critical Reader,* Oxford, Blackwell.

GOULBOURNE, H. (1991), « Varieties of Pluralism : the Notion of a Piuralist Post-imperial Britain », *New Community*, 17, 2, p. 121-227.

GUTMANN, A. et D. THOMPSON (1996), *Democracy and Disagreement. Why Moral Conflict Cannot Be Avoided in Politics, and What Should Be Done about It*, Cambridge, The Belknap Press of Harvard University Press.

HABERMAS, J. (1998), *L'intégration républicaine*, Paris, Fayard.

HENRY–LORCERIE, F. (1988/1990), « Éducation interculturelle et changement institutionnel : l'expérience française ». Dans F. Ouellet, dir., *Pluralisme et école*, Québec, IQRC, p. 339-362.

HERRNSTEIN, R. et C. MURRRAY (1994), *The Bell Curve : Intelligence and Class Structure in American Life*, New York, The Free Press.

HOFSTEDE, G. (1994), *Cultural Differences in Teaching and Learning*, Mollina, EFIL.

HOHL, J. (1995), « Résistance à la diversité culturelle au sein des institutions scolaires ». Dans F. Gagnon, M. McAndrew et M. Pagé, dir., (1996), *Pluralisme, citoyenneté et éducation*, Paris/Montréal, L'Harmattan, p. 337-348.

HUOT, D. (1988), « *Étude comparative de différents modes d'enseignement/apprentissage d'une langue seconde*, Berne, Peter Lang.

JACQUES, D. (1998), *Nationalité et modernité*, Montréal, Boréal.

JONNAERT, P. et C. VANDER BORGHT (1999), *Créer des conditions d'apprentissage. Un cadre de référence socioconstructiviste pour une formation didactique des enseignants*, Paris, Bruxelles, De Boeck.

KAUTZ, S. (1995), *Liberalism and Community*, Ithaca et Londres, Cornell University Press.

KAUTZ, S. (1996), « The Postmodern Self and the Politics of Liberal Education », *Social Philosphy and Policy*, vol. 13, p. 164-189.

KHIN ZAW, S. (1996), « Locke and Multiculturalism : Toleration, Relativism and Reason ». Dans R.K. Fullinwider, dir., *Public Education in a Multicultural Society. Policy, Theory, Critique*, Cambridge, Cambridge University Press, p. 121-155. Une traduction française de cet article a été publiée dans F. Ouellet (2000), *Essais sur le relativisme et la tolérance*, Québec, Les Presses de l'Université Laval, p. 167-213.

KINCHELOE, J.L. et S.R. STEINBERG (1997), *Changing Multiculturalism*, Buckingham/ Philadephie, Open University Press.

KLEINFIELD, J. (1975), « Positive Stereotyping : The Cultural Relativist in the Classroom », *Human Organization*, vol. 34, n° 3, p. 269-274.

KOTHARI, R. (1998), *Communalism in Indian Politics*, New Delhi, Rainbow Publications Ltd.

LACORNE, D. (1997), *La crise de l'identité américaine. Du melting-pot au multiculturalisme*, Paris, Fayard.

LADMIRAL, J.-R. et E.M. LIPIANSKY (1989), *La communication interculturelle*, Paris, Armand Colin.

LASNIER, F. (2000), *Réussir la formation par compétences*, Montréal, Guérin.

LATOUR, (1987), *Science in Action : How to Follow Scientists and Engineers Through Society*, Cambridge, Harvard University Press.

LEECHOR, C. (1988), *How High and Low Achieving Students Differentially Benefit from Working Together in Cooperative Small Groups*, Unpublished doctoral dissertation, Stanford University.

LEICESTER, M. (1989), *Multicultural Education. From Theory to Practice*, NFER-Nelson.

LINN, M.C. et N.C. BURBULES (1993), « Construction of Knowledge and Group Learning ». Dans K. Tobin, dir., *The Practice of Constructivism in Science Education*, Hillsdale, Lawrence Erlbaum Associates, p. 91-119.

LITTLE, J.W. (1982), « Norms of Collegiality and Experimentation : Workplace Conditions for School Success », *American Educational Research Journal*, 19, p. 325-340.

LLOYD, P. et E.G. COHEN (1999), « Peer Status in the Middle School : A Natural Treatment for Unequal Participation », *Social Psychology of Education*, 4, p. 1-24.

LORREYTE, B. (1982 ; 1988), « La fonction de l'Autre : arguments psychosociologiques d'une éducation transculturelle », *Éducation permanente*, n° 66 ; *Pluralisme et école*, Québec, IQRC, p. 339-362.

LOTAN, R.A., E.G. COHEN et C.C. MORPHEW (1997), « Principals, Colleagues, and Staff Developers : The Case for Organizational Support ». Dans E.G. Cohen et R.A. Lotan, dir., *Working for Equity in Heterogeneous Classrooms : Sociological Theory in Practice*, New York, Teachers College Press, p. 223-239.

LYNCH, J. (1986), « An Initial Typology of Perspectives on Staff Development for Multicultural Teacher Education ». Dans S. Modhil,

G.K. Verma, K. Mallicle et C. Modgil, dir., *Multicultural Education: The Interminable Debate*, Bristol, Falmer Press, p. 149-166.

MARCQ JOUSSELIN, N. (1995), « L'introduction d'une perspective interculturelle à l'école secondaire en région rurale : bilan d'une expérience ». Dans F. Ouellet, dir., *Les institutions face aux défis du pluralisme ethnoculturel : expériences et projets d'intervention*, Québec, IQRC, p. 207-215.

MARTINET, M.A., D. RAYMOND et C. GAUTHIER (2001), *La formation à l'enseignement. Les orientations. Les compétences professionnelles*, Québec, Ministère de l'Éducation.

McANDREW, M. (1995), « La prise en compte de la diversité religieuse et culturelle en milieu scolaire : un module de formation à l'intention des gestionnaires ». Dans F. Ouellet, dir., *Les institutions face aux défis du pluralisme ethnoculturel : expériences et projets d'intervention*, Québec, IQRC, p. 317-335.

McCARTHY, C. (1993), « After the Canon : Knowledge and Ideological Representation in the Multicultural Discourses on Curriculum Reform ». Dans C. McCarthy et W. Crichlow, dir., *Race, Identity, and Representation in Education*, New York, Routledge, p. 289-305.

MEMMI, A. (1982/1994), *Le racisme*, Paris, Gallimard.

MINISTÈRE DE L'ÉDUCATION (1998), *Une école d'avenir. Politique d'intégration scolaire et d'éducation interculturelle*, Québec.

MINISTÈRE DE L'ÉDUCATION (1998), *Plan d'action en matière d'intégration scolaire et d'éducation interculturelle 1998-2002*, Québec.

MINISTÈRE DE L'ÉDUCATION (1999), *Laïcité et religions. Perspective nouvelle pour l'école québécoise*, Québec.

NICOLET, M. (1987), « Pédagogie interculturelle, identité des élèves et dynamique de la situation scolaire ». Dans R. Dinello et A.N. Perret-Clermont, dir., *Psycho-pédagogie interculturelle*, Fribourg, p. 15-27.

NOBLET, P. (1993), « Reconnaître ses minorités : l'expérience américaine », *Hommes et migration*, n° 1169, octobre, p. 39-44.

NODDINGS, N. (1990), « Constructivism in Mathematics Education ». Dans R.B. Davis, C.A. Maher et N. Noddings, dir., *Constructivist Views on the Teaching and Learning of Mathematics*, Washington, DC., National Council of Teachers of Mathematics.

OUELLET, F. (1991), *L'éducation interculturelle: essai sur le contenu de la formation des maîtres*, Paris, L'Harmattan.

OUELLET, F. (1992), «L'éducation interculturelle: les risques d'effets pervers». Dans: *L'interculturel: une question d'identité*, Québec, Musée de la civilisation, p. 61-108.

OUELLET, F. (1994a), «Pour éviter les pièges du relativisme culturel». Dans F.R. Ouellette et C. Bariteau, dir., *Entre tradition et universalisme*, Québec, IQRC, p. 152-170.

OUELLET, F. (1995), «Apprentissage en coopération et échec scolaire». Dans F. Ouellet, dir., *Les institutions face aux défis du pluralisme ethnoculturel: expériences et projets d'intervention*, Québec, IQRC, p.135-160.

OUELLET, F. (1995a), «Pour développer la compétence professionnelle face aux défis de la pluriethnicité. Le diplôme et la maîtrise en formation interculturelle de l'Université de Sherbrooke». Dans F. Ouellet, dir., *Les institutions face aux défis du pluralisme ethnoculturel: expériences et projets d'intervention*, Québec, IQRC, p. 419-441.

OUELLET, F. (1997), «Éducation interculturelle et formation interculturelle. Éléments de problématique», *Études ethniques au Canada*, vol. 29, n° 2, p. 32-57.

OUELLET, F. (1997), «De la nécessité du détour en formation interculturelle. Le programme de l'Université de Sherbrooke». Dans C. Allemann-Ghionda, dir., *Éducation et diversité socio-culturelle*, Paris, L'Harmattan, 1999, p. 193-215.

OUELLET, F. (2000), *Essais sur le relativisme et la tolérance*, Québec, Les Presses de l'Université Laval.

OUELLET, F. (2000a), *L'enseignement culturel des religions. Le débat*, Sherbrooke, Les Éditions du CRP.

OUELLET, F. (2000b), «Quelle formation interculturelle en éducation?». Dans P. Dasen et C. Perregaux, dir., *Pourquoi des approches interculturelles en sciences de l'éducation?*, Bruxelles, De Boeck p. 243-260.

OUELLET, F. (printemps 2000), «La formation interculturelle en éducation», *Interactions*, vol. 4, n° 1, p. 19-57.

OUELLET. F., C. CHARBONNEAU et R. GHOSH (2000), *Formation interculturelle au Québec (1986-1996)*, Rapport de recherche. Université de Sherbrooke, 424 pages.

PAGÉ, M. (1992), «Gouverner le pluralisme ethnoculturel par les institutions démocratiques». Dans M. Lavallée, F. Ouellet et F. Larose, dir., *Identité, culture et changement social*, Actes du 3ᵉ congrès de l'ARIC, Paris, L'Harmattan, p. 113-125.

PAGÉ, M. (1993), *Courants d'idées actuels en éducation des clientèles scolaires multiethniques*, Conseil supérieur de l'éducation (Coll. «Études et recherches»).

PAGÉ, M. (1995), «Apprendre en coopération en milieu hétérogène». Dans F. Ouellet, dir., *Les institutions face aux défis du pluralisme ethnoculturel: expériences et projets d'intervention*, Québec, IQRC, p. 103-133.

PAGÉ, M. (1996), «Interculturel et citoyenneté en éducation», Communication présentée au colloque du REF, Université de Montréal, septembre.

PAGÉ, M. (1996a), «Citoyenneté et pluralisme des valeurs». Dans F. Gagnon, M. McAndrew et M. Pagé, dir., *Pluralisme, citoyenneté et éducation*, Paris/Montréal, L'Harmattan, p. 165-188.

PAGÉ, M. (1997), «La citoyenneté pluraliste: une perspective pour l'éducation à la citoyenneté», Communication présentée au congrès des sociétés savantes, Saint-Jean, Terre-Neuve, juin.

PALMER, F. (1986), *Anti-racism — An assault on Education and Value*, Londres, The Sherwood Press.

PAREKH, B. (1986), «The Concept of Multi-Cultural Education». Dans Modgil *et al.*, dir., *Multicultural Education. The Interminable Debate*, Londres, The Falmer Press, p. 19-31.

PAREKH, B. (1989), «Britain and the Social Logic of Pluralism». Dans Commission for Racial Equality, *Britain: A Plurial Society*, Londres, p. 58-76.

PAREKH, B. (1995), «Politics of Nationhood». Dans K. von Benda-Beckmann et M. Verkuyten, dir., *Nationalism, Ethnicity and Cultural Identity in Europe*, Utrecht University, p. 122-143.

PELLETIER, C. (1990), *L'apprentissage de la diversité au service de police de la communauté urbaine de Montréal*, Montréal, CIDIHCA.

PERRENOUD, P. (1998), «Former des élèves compétents: la pédagogie à la croisée des chemins», Conférence d'ouverture du colloque de l'Association des cadres scolaires du Québec, décembre.

PERROW, C. (1967), «A Framework for the Comparative Analysis of Organizations», *American Sociological Review*, 32, p. 194-208,

PERRY, W.G. Jr. (1963), «Examsmanship and the Liberal Arts : A Study in Educational Epistemology», *Examining in Harvard College : A Collection of Essays by Members of the Harvard Faculty*, Cambridge, Harvard University Press.

POURTOIS, H. (1993), «La démocratie délibérative à l'épreuve du libéralisme politique», *Le défi du pluralisme. Lekton*, vol. 3, n° 2, p. 105-134.

PREMCHAND, (1996), *Deux amies et autres nouvelles*. Traduction par F. Ouellet, Paris, L'Harmattan.

PREMCHAND, (2000), *Délivrance*, Traduction par F. Ouellet, Paris, L'Harmattan.

RAVITCH, D. (1990), «Multiculturalism. E Pluribus Plures», *American Scholar*, p. 337-354.

RORTHY, R. (1994), *Objectivisme, relativisme et vérité*, Paris, Presses Universitaires de France.

ROSENHOLTZ, S.J. (1989), *Teachers' Workplace : The Social Organization of Schools*, New York, Longman.

RUFFINO, R. (1998), «Interculture at School : The Italian experience of Intercultura», *European Journal of Intercultural Studies*, vol. 9, Supplément, S79-S88.

SEYMOUR, M., dir. (1999), *Nationalité, citoyenneté et solidarité*, Montréal, Éditions Liber.

SEYMOUR, M. (1999a), *La nation en question*, Montréal, Éditions de l'Hexagone.

SIBONY, D. (1997), *Racisme ou La haine identitaire*, Paris, Christian Bourgeois.

SIMARD, J.J. (1988/1991), «La révolution pluraliste. Une mutation du rapport de l'homme au monde». Dans F. Ouellet, dir., *Pluralisme et école. Jalons pour une approche critique de la formation interculturelle des éducateurs*, Québec, IQRC, p. 23-55.

SIMARD, J.-J. (1991), «Droits, minorités et identité. À l'arrière-plan de l'éducation interculturelle». Dans F. Ouellet et M. Pagé, dir., *Pluriethnicité, éducation et société. Construire un espace commun*, Québec, IQRC, p. 155-197.

SLEETER, C.E. (1992), *Keeper of the American Dream: A Study of Staff Development and Multicultural Education*, Bristol, Falmer Press.

SLEETER, C.E. (1996), *Multicultural Education as Social Activism*, New York, State University of New York.

SLEETER, C.E. et P.L. MCLAREN, dir. (1995), *Multicultural Education, Critical Pedagogy and the Politics of Difference*, New York, State University of New York.

SOLOMON, R.P. et C. LEVINE-RASKY (1994), *Accommodation and Resistance: Educators' Response to Multicultural and Anti-racist Education*, North York, York University, Faculty of Education.

SOLOMOS, J. et L. BACK (1996), *Racism and Society*, New York, St. Martin's Press.

SPINNER, J. (1994), *The Boundaries of Citizenship. Race, Ethnicity and Nationality in the Liberal State*, Baltimore et Londres, The John Hopkins University Press.

STEELE, S. (1990), *The Content of Our Character. A new Vision of Race in the United States*, New York, St. Martin's Press.

ST-JACQUES, M. (1996), « Le Conseil scolaire de l'île de Montréal : un pionnier majeur de l'éducation interculturelle ». Dans *L'éducation interculturelle*, ACPLS, Rapport n° 3.

TAGUIEFF, P.A. (1991), « La lutte contre le racisme, par-delà illusions et désillusions ». Dans P.A. Taguieff, dir., *Face au racisme I : Les moyens d'agir*, Paris, La Découverte, p. 11-43.

TARDIF, J. (1992), *Pour un enseignement stratégique. L'apport de la psychologie cognitive*, Montréal, Les Éditions Logiques.

TAVARES, T., J. YOUNG et L. FITZNOR (1995), « Constructing an Anti-racist Professional Development Model : Manitoba's Summer Institute on Education in a Multicultural Context », *Multicultural Teaching*, 13, 2, p. 24-28.

TAYLOR, C. (1989/1998), *Les sources du moi. La formation de l'identité moderne*, Montréal, Boréal.

TAYLOR, C. (1992), *Le malaise de la modernité*, Montréal, Bellarmin.

TOBIN, K. et D. TIPPINS (1993), « Constructivism as a Referent for Teaching and Learning ». Dans K. Tobin, dir., *The practice of Constructivism in Science Education*, Hillsdale, Lawrence Erlbaum Associates, p. 91-119.

TOURAINE, A. (1992), *Critique de la modernité*, Paris, Fayard.

TOURAINE, A. (1997), *Pourrons-nous vivre ensemble ? Égaux et différents*, Paris, Fayard.

VIGOTSKY, L. (1978), *Mind in Society : The Development of Higher Psychological Processes*, Cambridge, Harvard University Press.

VON GLASERSFELD, E. (1991), « Cognition, Construction of Knowledge and Teaching ». Dans M.R. Matthews, dir., *History, Philosophy, and Science Teaching : Selected Reading*, Toronto, OISE Press.

WEBSTER, M.JR. et B. SOBIESZEK (1974), *Sources of Self-evaluation : A Formal Theory of Significant Others*, New York, Wiley.

WEBSTER, M.JR. et M. FOSCHI (1988), Overview of Status Generalization. Dans M.JR. Webster et M. Foschi, dir., *Status Generalization : New Theory and Research*, Stanford, Stanford University Press, p. 1-20.

WEINSTOCK, D. (2001), « Saving Démocracy from Deliberation ». Dans R. Beiner et W. Norman, *Canadian Political Philosophy*, Oxford, Oxford University Press, p. 78-91.

WHEATLEY, G.H. (1991), « Constructivist Perspectives on Science and Mathematics Learning », *Science Education*, 75, p. 9-21.

WIEVIORKA, M. (1993), *La démocratie à l'épreuve*, Paris, La Découverte.

WIEVIORKA, Michel (1991), *L'espace du racisme*, Paris, Seuil.

ZEICHNER, K.M. et K. HOEFT (1996), « Teacher Socialization for Cultural Diversity ». Dans J. Sikula, T.J. Buttery et E. Guyton, dir., *Handbook of Research on Teacher Education*, New York, Simon and Schuster Macmillan, p. 525-547.

MEMBRE DE SCABRINI MEDIA

Québec, Canada
2002